Jayc Jay

8X8 PREMIUM-INTENTIONEN

Beziehungen glücklich leben

Das 7-Tage-Programm

Allegria

MIX
Papier
FSC FSC® C083411

Allegria ist ein Verlag der Ullstein Buchverlage GmbH

ISBN: 978-3-7934-2290-7

Lektorat: Vera Baschlakow
Umschlaggestaltung: FranklDesign, München,
nach einer Vorlage von Esther Verhouc
Fotografien (Innenteil): © Artepura Fotografie
Illustrationen (Innenteil): © Esther Verhouc
Gesetzt aus der Minion
Satz: Keller & Keller GbR
Druck und Bindearbeiten:
CPI books GmbH, Leck
Printed in Germany

Den Menschen gewidmet,
die sich aufrichtig
folgende Frage stellen:
»Wie ist es, wenn es gut ist
und gut bleibt?«
Bleib dran, es lohnt sich und
du wirst premiummäßig beschenkt!

Wichtiger Hinweis

Der Inhalt dieses Buches ist nur für Unterrichts- und Informationszwecke geeignet und sollte nicht zur Diagnose oder Behandlung von Krankheiten oder Störungen eingesetzt werden.
Es werden keinerlei ausdrückliche oder implizierte Erfolgsgarantien gegeben. Wenn Sie derzeit in Behandlung durch einen Arzt oder Heilpraktiker sind, sprechen Sie mit ihm, bevor Sie Veränderungen an Ihrer Behandlung vornehmen.

Inhaltsverzeichnis

Vorwort 9

Eine kleine Vorwarnung von Jayc Jay 11

Vor dem 7-Tage-Programm 15

Tag 1: Dies und das führt zwischen Tür und Angel zu Leichtigkeit 49

Tag 2: Küchengezwitscher für mehr Begeisterung 55

Tag 3: Anmutig im Badezimmer schwelgen 61

Tag 4: Wohnzimmer für hochqualitative, interessante Beziehungen 67

Tag 5: Schlafzimmergeschichten sind vollständig 75

Tag 6: Den Stoff im Kleiderschrank nutzen, um weiterzukommen 81

Exkurs zur Installation deines Mogelblattes 85

Tag 7: Wenn der Frieden mit der Vergangenheit an die Tür klopft 91

Nach dem 7-Tage-Programm 101

Mit Elan in deine Premiumvariante! 105

Fragen über Fragen 117

Danksagung 125

Magische Handbewegung mit Jayc Jay 127

Vorwort

Wir schreiben das Jahr 2012. Peru. Dschungel. Der Schamane deutet mein nächtliches Erlebnis mit der Madre, einem Pflanzengeist. Ich hätte einen besonderen Bezug zu Menschen, wenn es darum ginge, deren unterschiedlichsten Beziehungen zu heilen.

Seit dieser Zeit lege ich meinen Schwerpunkt auch im Coaching-Bereich immer stärker auf Beziehungen – der Beziehung zu uns selbst, zu unserer Umwelt und unseren Lieben sowie auch zum Geld. Ich bilde mir daher ein, mittlerweile einiges an Erfahrungen rund um dieses Thema gesammelt zu haben.

Die Künstlerin Jayc Jay hat es auf ihre ganz typische leichte und spielerische Art und Weise geschafft, in diesem Buch neues und altbekanntes Wissen so zu verbinden, dass es eine wahre Freude ist, dieses 7-Tage-Programm für Beziehungen zu absolvieren.

Wie bereits in ihrem ersten Buch *8x8 Premiumintentionen. Das Zuhause energetisieren und Wünsche erfüllen* schafft es Jayc Jay von der ersten Seite an, die Leserinnen und Leser mit ihrer liebevollen Art in den Bann zu ziehen und die Informationen für jedermann greifbar zu machen.

Seien Sie gespannt und neugierig, liebe Leserin, lieber Leser, wie sich auch in Ihrem Leben nach diesem 7-Tage-Programm unglaublich liebevolle und schöne Dinge ereignen werden.

Marc Kettenbach

Eine kleine Vorwarnung von Jayc Jay

Dieses Buch ist für all jene ein Geschenk, die offen für Neues und Leichtigkeit sind. Nicht jedes Wort und jeder Satz muss vollkommen verstanden werden. Du benötigst auch keine spirituellen Vorkenntnisse, damit die Inhalte bei dir ihre Wirkung entfalten können. Gehe voller Vertrauen und spielerisch an die Sache heran. Du wirst sehen, dass dieses Buch aus irgendeinem bedeutsamen Grund seinen Weg zu dir gefunden hat.

Es ist Zeit, Gefühle der Hilflosigkeit, die in Beziehungen häufig entstehen, hinter sich zu lassen! Es ist Zeit, dich zu öffnen und deine wahre Größe zu erkennen, die wundervollen zur Verfügung stehenden Möglichkeiten zu leben und in diesen voller Genuss zu baden, sie vollkommen auszuschöpfen. Für dich und mich gibt es mehr als das, was wir uns momentan vorstellen können. Auf geht es also, in die stetige Weiterentwicklung hin zu unserer ureigenen, für jeden ganz individuellen Premiumvariante! Ich wünsche dir viel Freude und Spaß bei diesem Abenteuer!

Mit diesem Buch hast du dich für eine Veränderung in deinem Leben entschieden, hin zu mehr Leichtigkeit, indem du deine Wünsche realisierst. Hier gibt es kein Wenn und Aber. Ich kann dir leider nicht beweisen, dass es auch bei dir leicht gehen darf, ohne dass du es genauso möchtest. Doch ich kann dir einen Vorgeschmack auf dieses 7-Tage-Programm geben, wie wundervoll es sein darf. Vergiss, was war. Lebe und genieße das, was das Leben für dich bereits seit einiger Zeit bereithält.

Es lohnt sich, den Weg der Leichtigkeit zu gehen und fortan in deine Welt zu vertrauen. Somit kannst du schnellere Veränderungen herbeiführen, welche länger halten: Du wirst dir schneller bewusst, was du möchtest, erlebst wunderbare Überraschungen und tiefe Herzensberührungen. Du erlebst Beziehungen gemeinsam und doch für dich selbst. Wichtig zu erwähnen ist auch der Premiumsex, der Schöpferkraft und Transformation schenkt. Du entwickelst dich rasanter und lässt alte Ängste und Blockaden los, welche für dich nicht mehr hilfreich sind. Deine klare Selbstwahrnehmung von Attraktivität spiegelt sich auf das Außen wider und beschreibt fortan einen Tanz aus Zufriedenheit und respektvoller Erfüllung.

Durch die 64 liebevoll und sehr bedacht zusammengestellten Premiumintentionen in diesem Buch gesellst du dich förmlich zu der Energie von Liebe, Wohlwollen und Leichtigkeit. Es ist nun an der Zeit, dass du dich dazu bereit erklärst, deine eigene Premiumvariante zu leben und dir selbst der wichtigste Mensch in deinem Leben zu sein, wodurch du endlich deine Beziehungen optimal bereicherst.

Wer die Aufgaben des 7-Tage-Programms durchzieht und sich für dessen energetische Korrekturen öffnet, wird einiges erleben dürfen und dies körperlich, seelisch und geistig intensiv spüren. Die Übungen dieses Programms benötigen täglich nicht mehr als acht Minuten. Es gibt keine strikten Leseregeln. Alles, was dir Freude macht, verschlingst du genüsslich, und was dir keine Freude macht, überblätterst du und lässt es einfach weg.

- Ich empfehle dir in jedem Fall, alle 7 Tage zu absolvieren, da sich die Wirkung des Programms nur so tatsächlich in vollem Umfang entfalten kann.

Beachte unbedingt, dass dieses Buch kein typisches Fachbuch ist. Es ist vielmehr ein interaktives Buch, welches dich durch Tipps und Tricks, welche kreuz und quer verteilt sind, in dein Tun bringt. Ich beschreibe auch nicht ausschließlich Neues. Es gibt zahlreiche bekannte Methoden, welche man anwenden kann. Doch was zählt, ist die richtige Anwendung derer in der richtigen Kombination und am richtigen Platz.

Dieses Buch hat das Rad nicht neu erfunden, sondern kombiniert eine Methode von mir mit vielen weiteren und darf sich somit zu einer explosiven Mischung entwickeln. Alles, was weiterhilft, wird adaptiert und in diesem 7-Tage-Programm angewendet.

Vor dem 7-Tage-Programm

Liebes, es braucht fast 18 Jahre und die Erziehung zweier Wärter, die dir immer wieder große Blockaden und Backsteine aufzwängen, sodass du im Laufe der Zeit vergisst, welch wundervolles Wesen du bist. Es ist einfach unfassbar, wie viel Mühe und Sinn hinter diesem System steckt, um uns eine kontrastreiche Nicht-Gott-Erfahrung zu liefern.

Das fast unmögliche Vergessen des eigenen grandiosen Wesens

Trotz all der Trauer, dem Schmerz in Beziehungen zu Eltern, Partnern, liebgewonnenen und verlorenen Freunden bleibt der Mensch stabil und schreitet mutig voran, um die Lösung von alldem zu finden. Das dürfen wir wahrlich das fast unmögliche Vergessen des eigenen grandiosen Wesens nennen. Und diesen liebevollen Titel hat dieses Kapitel allemal verdient! Du weißt zu jeder Zeit, welch wundervolles Wesen du bist, und aus diesem Grund bist du auch immer noch hier und fühlst ganz tief verborgen in deinem Innern, dass alles gut werden wird und du es richtig machen wirst!

Doch den Sinn dahinter zu finden und in dieser wohltuenden Frequenz zu bleiben ist in der Tat nicht die einfachste Sache dieser Welt. Das Spiel namens Leben ist so ausgeklügelt, dass es nicht einfach durch einen Lichtgedanken, den lichten, hellen Gedanken der Erinnerung, beendet werden kann – offensichtlich also ein sehr kluges und gut programmiertes Spiel! Dies ist auch durch weitere Gründe bestätigt: Mit jedem Mal, wenn wir ein Muster bereits bereinigt haben, schwingt dessen Erinnerung noch etwas länger nach, bis die Auswirkungen dessen ebenfalls nicht mehr ausgedehnt werden können, um uns die Kontrast-Erfahrung zu bieten. Es ist, als würde man eine Kirchturmglocke läuten. Sobald man das Seil zum Läuten losgelassen hat, schwingt die Glocke noch lange nach, obwohl das Eigentliche bereits losgelassen wurde.

In unserer Zeit, in der die Dinge immer schneller geschehen und die Muster vermeintlich unlösbar sind, erscheinen mir einige Menschen ziemlich verwirrt. Mich eingeschlossen. Ein Umherirren, um Sinnhaftigkeit zu gewinnen und erkennen zu können, was gefordert beziehungsweise erwünscht wird. Sollen wir einem höheren Zweck dienen oder lediglich eine Zeit absitzen? Da du Schöpfer deiner Realität bist, erlaube dir vollkommen das zu verwirklichen, was dir am meisten dienlich ist.

Du intentionierst und beabsichtigst bereits täglich

Was war deine Absicht, als du dieses Buch gekauft hast? Welche Intention beziehungsweise welche Erwartung stand dahinter? Hinter all unseren Taten steckt eine Absicht, selbst wenn wir uns dessen nicht bewusst sind. Bevor du morgens aufstehst und zur Toilette gehst, gibt es einen kurzen Moment, in dem du dir eventuell sogar laut in Gegenwartsform sagst: »Jetzt stehe ich aber auf!« Wirklich allem geht eine Absicht voraus, selbst wenn es nur eine spontane oder unbewusste ist!

Wenn wir dieses Wissen, dass wir ständig bewusst wie auch unbewusst Intentionen setzen und beginnen, sie aktiver zu nutzen, können wir viel selbstverständlicher damit umgehen. Denn Intentionen sind nichts weiter als magische Aufgaben für das Gehirn, dir das zu liefern, von dem du tatsächlich mehr möchtest.

Zu all den unbewussten Intentionen, welche du bereits täglich triffst, mischen wir durch dieses 7-Tage-Programm bewusste, kraftvolle Premiumintentionen, die sich für dich wie ein Feuerwerk an impulsiver, freudiger Energie anfühlen werden. Gleichzeitig werden sie aber auch alte Emotionen herauslösen. Das alles erledigen wir in einem Abwasch.

Neue Wege für wirksame Lösungen in deinen Beziehungen

Durch Premiumintentionen, das Intentionen Boostern und das Energetic Upgrade habe ich es geschafft, zu mehr Frieden in all dem Durcheinander des Lebens und des sich selbst Findens zu gelangen. Darüber hinaus kann ich nun lockerer sein, wenn die unangenehmen Knöpfe gedrückt werden, die mich an meine Weiterentwicklung erinnern. Ich habe gelernt zu genießen, besseren Sex zu haben, mehr Vertrauen in mich zu haben und den Glauben wiederzufinden, dass Beziehungen langanhaltend erfüllend sein können und wir nicht immer wieder in die gleiche Sackgasse geraten müssen.

Woran liegt es, dass so viele Menschen den Weg der Leichtigkeit in Beziehungen nicht gehen? Ich hoffe, dass du an dieser Stelle etwas Geduld hast und dir Zeit gibst, einfach offen hinzuschauen und wirken zu lassen, was in den folgenden Zeilen geschrieben steht. Ich habe mir viele Gedanken über das Thema Beziehungen gemacht und überlegt, woran es denn wirklich hakt. Im Folgenden habe ich einige Hauptpunkte zusammengefasst. Beachte bitte, dass nicht jeder davon auf dich zutreffen muss. Für eine Veränderung ist zunächst der Schritt der Klarheit nötig. Deshalb können die folgenden Ansichten für dich sehr hilfreich sein.

Prüfe einfach mit offenem Herzen und viel Verständnis, welche der Punkte auf dich zutreffen und freue dich auf mehr Frieden, welcher in den nächsten Tagen eintreten darf.

Der Grund, warum wir uns der Leichtigkeit in Beziehungen nicht vollkommen öffnen, ist, dass wir nicht wissen, wie wir den Weg beschreiten sollen. Dazu kommt noch, dass wir nicht wissen, wie wir all die Selbstentwicklungsarbeit im Kontrast zu unserem Kontrollzwang bewältigen sollen. Es braucht eine ordentliche Portion Mut, um neue Wege zu gehen. Viele können sich diesem Weg deshalb nicht öffnen, weil sie gern teilweise oder ganz die Verantwortung für ihr Leben und dessen Inhalte abgeben. Alles, was jedoch in unserem Leben existiert – materiell oder geistig –, ist unser Werk, unsere Schöpfung. Die Verantwortung dafür komplett zu übernehmen ist schlichtweg sehr unangenehm, und die Themen erscheinen uns häufig zu groß oder gar unlösbar. Sobald wir uns mit den wahren Problemen beschäftigen, wirkt es nur noch, als ob man von diesen überrollt würde. Meist denken wir gar nicht, es könne überhaupt anders sein, weil überall um uns herum die gleichen Dinge geschehen und das alles schon als »normal«, wenn auch nicht angenehm akzeptiert wird. Das Kollektiv verhält sich schließlich auch so, und wir kennen niemanden oder nur wenige Personen, welche es anders tun und darin aber doch immer wieder scheitern. Wir kennen also meist nicht mal jemanden, der unsere Herzenswünsche bereits erfolgreich gelebt und verwirklicht hat. Die Hilflosigkeit hält also weiterhin

Einzug. Allein in die Schlacht des Unbekannten ziehen ist dann wohl doch zu gewagt. Die Frage ist zudem, wozu das überhaupt nötig ist und ob es die gewünschten Ergebnisse bringt.

Viele Menschen können darüber hinaus nicht kommunizieren, sich nicht über das austauschen, was ihnen in Beziehungen wichtig ist, was sie gern ausprobieren würden oder worüber sie nachgrübeln.

Es darf aber nicht vergessen werden: Keiner ist für uns mitverantwortlich. Schließlich möchten wir niemandem zur Last fallen. Das scheint wie ein Widerspruch zu klingen, denn andererseits sind wir nicht für das Alleinsein gemacht. Nur im Team sind wir dauerhaft wirklich stark und stabil. Es geht nicht darum, alle Themen allein zu lösen, sondern gemeinsam und unterstützend den Weg der Entwicklung zu gehen. Das ist nicht mit dem Abgeben von Verantwortung zu verwechseln. Denn wir können volle Verantwortung für unsere Situation übernehmen und gleichzeitig gemeinsam mit wundervollen Menschen daran arbeiten, damit sich die Veränderung hin zur Premiumvariante zeigen darf. Auch du kannst das! Vertraue dir!

Nicht zuletzt hindern uns häufig auch die Erfahrungen, die wir gemacht haben, daran, den leichten Weg zu erfüllenden Beziehungen zu gehen. Diese Erfahrungen sind natürlich real und liefern uns die Bestätigung dafür, was möglich und nicht möglich ist. Wir haben oft genug nicht bekommen, was wir wollten, und wurden somit scheinbar enttäuscht beziehungsweise desillusioniert, dass sich solche Wünsche erfüllen könnten.

All diese negativen, unangenehmen Punkte habe ich genannt, um dir Folgendes klarzumachen: Das kann und darf sich ändern! Du hast bisher eine ganz andere Frequenz ausgestrahlt und anhand dieser haben sich Begebenheiten und Menschen in deinem Leben gezeigt, welche eventuell nicht immer deinen Wünschen entsprochen haben. Das ist völlig okay, doch ist es nun Zeit, Frieden mit der Vergangenheit zu schließen, dir von Herzen für die bereichernde Erfahrung zu verzeihen und daraufhin voller Elan in die Gegenwart zu kommen, um eine erfüllte Zukunft vor dir zu sehen.

Übernimm Verantwortung für die Dinge, die gut sind!

Allzu gern übernehmen wir die Verantwortung für negative Seiten an uns und suhlen uns regelrecht in der Opferrolle. Wir haben all das Schlimme an uns schließlich von den anderen oft genug vorgehalten bekommen. Die Glaubenssätze: »Sei bloß bescheiden!« und »Schuster, bleib bei deinen Leisten!« sind natürlich auch keine gute Unterstützung für ein erfülltes, leichtes Leben.

Doch wenn das so ist, dass der Schuster bei seinen Leisten bleiben soll, steht Folgendes ganz klar für dich an:

- Aktiviere deine tatsächliche Größe! Übernimm ab sofort für all das Gute in deinem Leben ebenfalls Verantwortung! Du kreierst deine Welt und bist somit für das Schlechte wie auch das Gute darin verantwortlich. Rühme dich für deine Stärken und steh zu deinen Schwächen.

Probiere es an dieser Stelle doch einfach direkt aus und übernimm jetzt schon Verantwortung für all das Gute, das in der nächsten Zeit durch diese 64 magischen Intentionen zu dir kommt. Richte dich auf, zeige eine geschwollene Brust und halte den Kopf ein klein wenig höher. Das wird dir schon viel mehr gerecht! Klein gehalten hast du dich wirklich lang genug.

Ich kenne dich zwar nicht persönlich, aber durch das Premiumvariante Coaching und die vielen Menschen, die ich bisher in meinem Leben getroffen habe, kann ich durchweg behaupten, dass wir unser Licht nicht selten unter den Scheffel stellen und lieber klein denken, statt uns groß zu fühlen. Doch diese Zeit darf nun vorbei sein. Es ist eher unnatürlich, plötzlich in das andere Extrem von purer Selbstliebe und Arroganz zu springen, und das ist auch nicht nötig. Es geht vielmehr darum, endlich immer mehr zu sehen, was du täglich für dich und dein Leben tust und wie viel Mühe – selbst wenn nur gefühlsmäßig – und welch eine Hingabe hinter all deinem Sein steckt. Schätze dich dafür wert, dass du dich für den Weg der Weiterentwicklung entschieden hast. Schätze deine täglich verrichtete Arbeit und welche Dinge du dir bereits gönnen kannst. Ich versichere dir, etwas Schlechtes wird sich immer, selbst in den besten Umständen, finden lassen. Doch das ist ja gar nicht das Ziel. Dein Ziel ist es, wundervolle, dir dienliche Frequenzen auszustrahlen, um dir ein erfülltes Leben zu ermöglichen.

Mein Weg zur Premiumvariante: Leichtigkeit ist Vielfalt statt Abhängigkeit

Im Bereich der Esoterik wird viel Schabernack betrieben. Dank Ängsten, Unsicherheit und unterschwelligen Suggestionen klingeln mit jedem Jahr die Kassen in der Esoterikbranche. Begriffe wie »Seminarhopper« und »Esos« werden geboren. Besonders auch Bücher haben ihren festen Platz auf der Verkaufsliste. Dabei gilt es nun, dass als aufgeschlossener, bewusster Mensch auf die eigene Intuition Verlass ist. Wie machen wir das im Fall Weiterentwicklung? Wie trifft man die Auswahl an guten weiterführenden Mitteln?

Meine Mutter hat unglaublich viele Bücher gelesen, und ich habe die neuen Informationen immer – schon als kleines Kind – direkt aus ihrem Munde in der Premium-Zusammenfassung vermittelt bekommen. Ab und an war ich ziemlich überfrachtet, weil in vielen Büchern auch Unwahres steht. Wir sollten uns bewusst sein, dass in jedem Buch immer nur das stehen kann, was dem Autor selbst an Frequenzen und Informationen zur Verfügung steht. Leider wird das oft vergessen. Doch von Zeit zu Zeit habe ich gelernt, von all dem Wissen einfach das herauszupicken, das sich gut anfühlt und tatsächlich auf positive Weise anwenden lässt. Jede Methode hat den richtigen Zeitpunkt, Ort und Art des Problems, für das sie premiummäßig angewendet werden kann. Deshalb hat auch jedes einzelne Buch seine Berechtigung, denn man kann aus allem etwas Wunderbares ziehen, selbst wenn es nicht dem eigenen Geschmack entspricht. Im letzteren Fall hat es zumindest dem Zweck gedient, dass man noch klarer sieht, was man möchte und was nicht.

Mir fiel es früher oft schwer, meiner eigenen Intuition und Einschätzung zu vertrauen, obwohl ich schon stets ein sehr klares Gefühl hatte, was nun wie zu tun ist. Doch dies wurde immer wieder von schlechtem Gewissen getrübt. Ich hatte durch all die Informationen einen Selbstschutz aufbauen müssen in Form eines Schwarz-Weiß-Denkens nach dem Motto »ganz oder gar nicht«. Premium oder Hölle trifft es auch sehr gut. Die Sensibilität hat mich so manches Mal hinters Licht geführt, und ich wusste nicht so recht, wie ich damit umgehen soll. Mittlerweile weiß ich durch die Premiumvariante Coachings, die ich gebe, dass jeder von uns mit einer grandiosen Intuition sehr viel spürt und wahrnimmt. Was wir für die Intuition und das wahrhaft erfüllende Handeln danach benötigen, ist der Mut, es einfach zu tun, und die Bereitschaft, alte Ansichten ohne eine gute Erklärung von heute auf morgen hinter sich zu lassen. Ich war so unsicher mit meiner scheinbaren Wechselhaftigkeit, welche eigentlich eine gute Intuition war, auf die ich eben nicht hörte. Gegen diese Intuition habe ich immer wieder angekämpft, weil ich mich in das starre System von Beziehungen zwängen wollte. Das bescherte mir wirklich einige Probleme, vor allem gefühlsmäßig immer wieder in der Sackgasse zu landen und die Welt einfach überhaupt nicht mehr zu verstehen. Kennst du dieses Gefühl?

Ich habe es überhaupt nicht verstanden, wie ich die Geschenke des Lebens annehmen, mich öffnen und all das im vollen Maße genießen sollte. Ständig begleitete mich das unterschwellige Gefühl »Ich habe es nicht verdient«.

Als ich mit 19 Jahren merkte, dass meine wirklich wundervolle Beziehung mit einem Mann, den ich von Herzen gern heiraten wollte, immer unerfüllender wurde, habe ich mich gnadenlos für meine Premiumvariante entschieden. Ich hatte schon immer das tiefe Wissen, unsere Wünsche müssten sich eigentlich leicht und schnell verwirklichen. Doch ich hatte bis dato noch keine befriedigende Lösung gefunden. Also habe ich in dieser bescheidenen Situation neu entschieden und mir immer wieder gesagt: »Ich lebe meine Premiumvariante, denn weniger ist nicht genug. Darunter mache ich es nicht mehr! Ich lebe jetzt meine Premiumvariante.«

Innerhalb von nur sieben Tagen mit diesen Sätzen war mein Leben wirklich komplett auf den Kopf gestellt. Durch diese Intention, welche ich ständig als Mantra in meinem Alltag mit mir trug, kam ich zunächst durch einen Zufall zu dem Seminar »Finde deinen Soulmate« von Uli Kieslich. Man konnte, auch wenn man bereits einen Partner hatte, das Seminar besuchen, um die bestehende Beziehung zu verbessern. Ich wählte mithilfe des Intentionen Boosterns die beste Variante meiner Liebesbeziehung. Bereits am Abend nach dem Seminar wusste ich, dass mich der Weg aus meiner jetzigen Beziehung heraus führen würde.

Da ich auch das Intentionen Boostern auf dem Seminar von Uli Kieslich gelernt hatte, wendete ich es von nun an fleißig für allerlei Bereiche an. Beispielsweise für die liebevolle, friedvolle Trennung von meinem damaligen Schatz; für eine wundervolle Neubauwohnung mit Fußbodenheizung, und ich beabsichtigte, einen neuen Premiumpartner, meinen Soulmate, mit dem ich glücklich bleiben würde, zu finden.

Innerhalb der ersten sieben Tage trennten Dani und ich uns voller Respekt und Achtung voneinander, teilten achtsam die Möbel untereinander auf, und ich zog aus. Nach nur sechs Wochen hatte ich bereits meinen Soulmate kennengelernt. Als ich ihn das erste Mal sah, war es, als hätte jemand leuchtende Hinweisschilder mit richtungsweisenden Pfeilen hochgehalten, damit ich diesen wunderbaren Mann erkenne. Zwei Wochen nach unserem ersten Treffen waren wir ein Paar.

Nach acht Wochen hatte ich eine grandiose Neubauwohnung (Erstbezug) mit Fußbodenheizung gefunden und mir zusätzlich einen echten Premiumnebenjob mit freier Zeiteinteilung bei Porsche erschaffen. In diesem Premiumnebenjob durfte ich nebenher Bücher lesen und musste lediglich meinen leichten Körper auf Porschesitzen für Sitzmessungen zu einem wirklich klasse Stundensatz platzieren. Alles lief, wie ich es wollte, doch das war erst der Anfang von all dem, was nun in diesem Buch als Wissen in Form eines 7-Tage-Programms geschrieben steht. Die Premiumvariante verbirgt so viel mehr! Ich bemerkte durch das tägliche Intentionensetzen und -Boostern, dass sich etwas in meinem Leben radikal änderte und dass die hohe Anzahl der Intentionen die Veränderung oft schneller bringt, als man es sich selbst vorstellen kann. Seit dem besagten Seminar »Finde deinen Soulmate« verging kein einziger Tag, an dem ich das Intentionen Boostern nicht angewendet habe.

Ich bin der Meinung, jeder sollte dieses wundervolle Gefühl der Vorbestimmung für wunderbare Dinge erleben und sich gestatten, seine einzigartige Premiumvariante zu leben. Sie kann uns ab und an ziemlich durchschütteln, doch das geschieht nur, um alte, nicht mehr hilfreiche Glaubenssätze in Rekordzeit über Bord zu werfen und so schnell wie möglich diese bezaubernde Variante unseres Lebens zu genießen. Du wirst immer mehr Wertschätzung für den Moment haben und dabei noch das Gefühl gewinnen, wirklich das Allerbeste zu bekommen und damit auch zufrieden zu sein. Die Premiumintentionen aktivieren in dir das Potenzial, das Feuer und Vertrauen in dein Leben vollkommen zurückzugewinnen.

Was ich hier schreibe, erscheint dir vielleicht zunächst unwirklich. Das verstehe ich, denn nicht alles ist ausschließlich mit Premiumintentionen zu lösen. Doch das Intentionen Boostern zusätzlich mit Gegenständen in deinem Haushalt verbunden, sprich dieses 7-Tage-Programm für deine Beziehungen, bewirkt solch eine Leichtigkeit im Kreieren, wie du es dir bisher sicher nicht vorstellen konntest!

Denn Beziehungen einzugehen sollte eine unglaubliche Bereicherung für dein Leben sein und weniger Stress verursachen. Weiterentwicklung ist heutzutage ein Thema, dem jeder hinterherhetzt, als gäbe es kein Morgen mehr. Jeder möchte mehr wissen, besser ankommen und sein Alleinstellungsmerkmal sichern. Und ich bin die Letzte, die dies verurteilt, denn ich gelange immer wieder selbst an den Punkt, an dem ich mich erinnern muss, dass es auch leicht und spielerisch sein darf. Es ist etwas Gutes, vorankommen zu wollen, denn es treibt uns auch innerlich zu mehr Authentizität. Lediglich die Art, wie wir so manches Ziel verfolgen, ist zuweilen schmerzlich. Deshalb möchte ich dir mit den 64 Premiumintentionen einen Schubs in die Richtung von Leichtigkeit, Liebe und freudig gelebten Beziehungen zu deinem Umfeld geben.

In Beziehungen zu anderen wie in der Beziehung zu uns selbst sind wir ab und an etwas engstirnig und verbohrt. So, wie wir es in einer spezifischen Beziehung erlebt haben, so soll, muss oder kann es nun auch in allen anderen sein. Das beschränkt die Vielfalt in Beziehungen ungemein. Diesen unbewussten Glaubenssatz dürfen wir nun gemeinsam ein für alle Mal loslassen und durch einen Fluss an Vielfalt und Genuss ersetzen. Es kann so bereichernd sein, wirklich zu sehen, was in einzigartigen Momenten mit den unterschiedlichsten Menschen alles geschieht. Je mehr wir uns dafür öffnen, desto größer die Bereicherung. Doch zu erkennen, dass unsere Welt es wirklich sehr gut mit uns meint und lediglich die Absicht abzusenden, dass wir dies erkennen wollen, bewirkt bereits unglaublich viel.

- Bist du bereits gespannt und etwas ungeduldig zu entdecken, was es bei dir bewirken darf? Atme tief ein! Ich denke, du bist bereit, dass wir nun tatsächlich mit deinem 7-Tage-Programm beginnen.

Zeit für dein Wunschkonzert

Unser Problem ist nicht, dass wir uns beschränken und auf eine einzige Sache fokussieren sollten. Unser Problem ist eher, dass wir den Kanal nicht gesamtheitlich für das Potenzial, welches in uns steckt, aufmachen. Da ist es kein Wunder, dass wir uns ab und an unerfüllt fühlen, wenn wir abends zu Bett gehen. Wir sind zwar todmüde, aber gleichzeitig nicht zufrieden und ausgelastet. Das ist der beste Beweis für ungenutztes Potenzial. Spürst du, wie sich beim Lesen dieser Zeilen bereits etwas Spannung in den Schultern lösen darf?

Dabei liebt der Mensch es, ständig zu expandieren. Und ich weiß auch zu gut, dass es teilweise wirklich anstrengend sein kann, sich so schnell weiterzuentwickeln, wie es im Leben der Premiumvariante vorgesehen ist. Manche würden es auch als wechselhaft bezeichnen. Es geht darum, deine einzigartige Premiumvariante zu finden und den Diamanten voll Freude stetig zu schleifen. Immer ein Stückchen mehr und eine Politur hier und da, bis du dein Werk nachhaltig genießen kannst.

Was jedoch noch viel anstrengender als wachsen ist, ist sich klein zu halten und seine Wünsche zu unterdrücken, sie nicht zuzulassen und zahlreiche Methoden anwenden und Wege gehen zu müssen, um deren Realisierung in der materiellen Welt endlich verdient zu haben.

Du bist mehr wert als das! Du hast deine rasante Expansion mehr als verdient, denn du bist sie energetisch schließlich auch schon gegangen. Jetzt hast du dir die materiellen Lorbeeren auch verdient. Es ist am Anfang wirklich ungewohnt, sich jeden Wunsch zu erlauben. Auch jenen, dass der Partner nun mal genau, aber ganz genau, das tun soll, was du willst. Und das ist völlig okay. Danach kommt der Wunsch nach positiven, angenehmen Überraschungen. Und jeder einzelne Wunsch und seine Erfüllung bringen ein so großes Portfolio an wundervollen Gefühlen mit sich.

Es ist wie ein riesiges Schwimmbecken voll grandioser Nuancen an Gefühlen: das Gefühl von Freude mit ein wenig Unsicherheit, das Gefühl von verdienter Freude und das Gefühl, sich mit anderen zu freuen. Kein einzelnes möchtest du missen, weil es einfach zu zuckersüß (zumindest aus der Beobachterperspektive) ist und man ehrlicherweise keines mit dem anderen tatsächlich vergleichen kann.

Und schon bist du mitten im Geschehen und weißt nicht mal, wie du dort hineingeraten bist. Genauso verhält es sich in Beziehungen. Da begegnen uns mancherlei Dinge, die wir wahrlich nicht verstehen und das am liebsten auch nicht möchten. Wir finden nun gemeinsam einen Weg aus den Situationen, die du nicht möchtest und in die Begebenheiten hinein, die du dir von Herzen wünschst. Wenn du dich fragst, wie das gehen soll, darfst du dich entspannt und vertrauensvoll zurücklehnen. Denn dich zu überzeugen, dass du mit Leichtigkeit Dinge in deinem Leben zu deinem Besten verändern kannst, ist zumindest für die Zeit der kommenden sieben Tagen ganz und gar meine Aufgabe. Und ich freue mich schon, deinen bisherigen Lächel-Pegel anzuheben, deine bisherigen Glaubenssätze und die damit verbundenen Grenzen zu sprengen.

Ich beabsichtige von Herzen, dass du dir erlauben kannst, jeden Tag mehr an dich und deine innersten Bedürfnisse zu glauben und ihnen freudvoll Gehör zu schenken. Sie haben einen Sinn und treiben dich in die richtige Richtung! Sie entfachen in dir ein Feuer, welches das Energiepotenzial für die Realisierung dieser Bedürfnisse freimacht. Du bist nun bereit, dieses wundervolle Leben voll Erfüllung zu leben. Sonst wäre dir dieses Buch nicht in die Hände gefallen. Es ist dir vorbestimmt, ein wundervoll glückliches Wesen zu sein. Und immer wieder aufs Neue zu entdecken, auf wie viel grandiose neue Wege du deine einmalige Art auf dieser Erde verwirklichst und somit dein Umfeld bereicherst. Darüber hinaus soll dies für dich mit so viel Freude in Beziehungen zu deinem Schatz, zu deiner Familie, deinen Freunden, Bekannten, Arbeitskollegen und -partnern verbunden sein, dass du gar nicht weißt, wohin mit so viel Liebe. Eben Beziehungen, die dich nähren, in denen du dich unterstützt, wertgeschätzt und sicher fühlst. Auf geht's …

Macht es dich zwischendurch ab und an sauer, diese Zeilen zu lesen? Hast du das Gefühl, eventuell etwas verpasst zu haben? Oh nein, ich kann dir garantieren, dass jedes kleine »Missgeschick« aus deiner Vergangenheit keines bleiben muss und in Wahrheit auch keines ist. Die Missgeschicke sind lediglich wie Stempelabdrücke auf einem Ereignis. Ich möchte dir eine lustige Geschichte erzählen, um zu veranschaulichen, was ich meine. Als ich meinen Soulmate kennenlernte, hat er bei einem Gespräch ganz beiläufig geäußert, dass er nie heiraten will. Ich war total entsetzt und dachte bei mir: »Dann kann das niemals mein Soulmate sein, denn ich will heiraten, und zwar so richtig kitschig.« Doch auch ich muss mich immer wieder daran erinnern, dass unsere Intentionen, unabhängig dessen, was ist, wirken, und so habe ich mich einfach entschieden, dass ich heiraten will, und zwar diesen wundervollen Soulmate, den ich so von Herzen liebe. Ich löschte also den Stempelabdruck des »Nicht-Heiraten-Wollens« wieder von diesem Ereignis. Nach einem Jahr begann mein Schatz, mit mir übers Heiraten zu sprechen und was ich eigentlich darüber denke. Wir haben so tolle Gespräche gehabt und dabei erkannt, dass wir beide dasselbe wollen: kein Binden auf eine verpflichtende Art, sondern eine Zeremonie, in der man unglaublich liebevoll und vor Zeugen (Intentions-Verstärker) seine gemeinsame Liebe feiert. Es ist teilweise wirklich unfassbar, was passieren darf, wenn wir unseren Wünschen – ohne zu wissen, warum sie da sind – einfach nachgeben und ihnen gleichzeitig erlauben, sich jederzeit zu verändern und somit den Stempelabdruck wieder herauszulösen. Dadurch kann sich ein vorschnelles Urteil, ein Vorurteil also, als ein Diamantenschliff herausstellen. So, wie es in dem Beispiel Heiraten war, dass ich alte Bilder davon loslassen konnte und mir noch intensiver bewusst wurde, welches Gefühl ich mit dem Heiraten verbunden habe.

Ich kann mir vorstellen, dass du dich im Moment zwar für meine Variante in dem Beispiel freust, aber noch nicht so recht weißt, wie das jetzt bei dir ein paar »Blöd-Stempel-Situationen« verändern soll. Was hältst du davon, wenn wir eine Intention für dich setzen und das Potenzial der Veränderung freisetzen? Dafür habe ich mitten in diesem Buch während des 7-Tage-Programms eine Premium-Stempel-Intention! Sie wird genau im richtigen Moment auf dich zukommen, wenn du vollkommen für das gesamte Potenzial dieser Intention offen und bereit bist und dessen Wirkung dich unglaublich positiv überraschen darf.

Ist-Analyse

Datum: __________

Liebes, es ist nun wirklich so weit, und wir beginnen mit deinem Programm. Es geht darum, im Voraus zu wählen, welche Wirkung du gern aus diesem 7-Tage-Programm ziehen möchtest. Wenn wir eine Wahl vor einem Ereignis treffen, können sich die Umstände viel leichter in die gewünschte Richtung entwickeln. Ganz im Gegensatz dazu, wenn wir versuchen, an einer bereits für wahr erklärten, bestehenden Realität herumzuschrauben. Nutzen wir also die Möglichkeit, um deinen Herzenswünschen den Platz, der ihnen zusteht, einzuräumen.

- Im ersten Schritt notierst du dir hier, wie der momentane Ist-Zustand aussieht.

  Schreibe spontan und ohne lang nachzudenken auf, was dir zu den folgenden Fragen in den Sinn kommt:

  Wie fühlst du dich, wenn du mit dir selbst allein bist?

  ____

  ____

  ____

  Was denkst und fühlst du, wenn du von deinen Mitmenschen umgeben bist?

  ____

  ____

  ____

  Wie fühlst du dich im Allgemeinen mit deinen Beziehungen insgesamt?

  ____

  ____

  ____

Das kann zum Beispiel so aussehen:

Wenn ich mit mir allein bin, fühle ich mich oft unruhig und habe tausend Dinge im Kopf. Ich bin unsicher, was ich denken und fühlen soll und mache mich damit ab und an vollkommen verrückt. Ich bin dann ständig dabei, herumzulaufen und mich mit irgendetwas abzulenken. Vor allem belastet mich, dass ich immer das Gefühl habe, ich müsse irgendetwas tun, um geliebt zu werden.

Wenn ich mit meinem Schatz zusammen bin, fühle ich mich wohl, bin aber doch immer mit irgendetwas unzufrieden. Bei Treffen mit Freunden und Bekannten langweile ich mich teilweise und werde das Gefühl nicht los, dass ich am falschen Platz bin, obwohl ich sie alle gernhabe.

Mit meinen Beziehungen bin ich im Großen und Ganzen recht zufrieden. Es könnte zwar immer etwas besser sein, aber ich bin lieber mit dem zufrieden, was ich schon habe!

Wähle deinen neuen Ist-Zustand

Kommen wir zu den Absichten, die du für deine Beziehungen hast. Was wünschst du dir für deine Premiumbeziehungen? Deine Welt möchte nun klar wissen, was sie dir liefern soll, und deshalb gibst du hier persönlich deine Bestellung ab. Keine Panik, jede Entscheidung, die du einmal getroffen hast, darfst du jederzeit ändern, beziehungsweise kannst du jederzeit eine neue Entscheidung treffen.

Gib dir also die Erlaubnis, entscheidungsfreudiger zu werden und dir zu gönnen, was du dir in diesem Moment von Herzen wünschst.

- Schreibe auch hier aus dem Bauch heraus auf, was dir in den Sinn kommt.

  Wichtig! Der Titel dieses Kapitels lautet bewusst nicht »Soll-Analyse«. Stell dir beim Ausfüllen nicht ein Bild aus Beziehungen vor, welche noch nicht existieren. Mach deine Vorstellungen so real wie möglich und setze einen tatsächlichen Bezug zu deinen existierenden Beziehungen in der Gegenwart. Mach dein Herz weit auf dafür, dass diese Beziehungen sich auf grandios wundervolle Weise dorthin entwickeln. Formuliere also all deine Intentionen unbedingt in der Gegenwart!

  Eine tolle Stütze zur Beantwortung der Fragen ist Folgendes: Besinne dich für einen Moment auf deine innersten Wünsche und denke groß. Erlaube dir, hier das Schönste zu notieren, das du dir für deine Beziehungen vorstellen kannst. Jetzt ist die Zeit, denn wünschen darfst du dir alles!

Wie fühlst du dich in deinen Premiumbeziehungen?

____

____

____

Was denkst du abends, wenn du zu Bett gehst, über deine Premiumbeziehungen?

____

____

____

Was erfüllt dich an deinen Premiumbeziehungen am meisten?

____

____

____

Das kann zum Beispiel so aussehen:

Ich fühle mich in meinen Premiumbeziehungen wirklich wohl mit mir und den anderen. Ich fühle mich sehr wertgeschätzt und frei, so zu sein, wie ich bin.

Abends, wenn ich zu Bett gehe, denke ich über meine Premiumbeziehungen, dass mich jeder einzelne Mensch in meinem Leben auf so individuelle Art und Weise bereichert. Es gibt da überhaupt nichts Forderndes, sondern es besteht ein tiefer gegenseitiger Respekt und eine große Achtung vor dem anderen.

Am meisten erfüllt mich an meinen Premiumbeziehungen, dass sie einfach geführt sind und ich mir nicht mehr so viel einen Kopf darüber machen muss, wie ich mich verhalten soll. Ich schätze sehr, dass ich mich zurücklehnen darf und Geschenke und Verhalten sich wie von allein ergeben und sich für mich immer stimmig anfühlen.

Intentionen Boostern à la Jayc Jay

Das Intentionen Boostern ist ein Tool, um Entscheidungen zu verstärken und diese mit Energie anzureichern, sodass sie sich schneller in unserem Lebenskonstrukt widerspiegeln dürfen. Diese Methode hat mir unglaubliche Ergebnisse beschert. Es ist, als ob man dem Gehirn die Aufgabe gibt, mehr von dieser bestimmten Wahr-Nehmung zu liefern. Da unser Gehirn ständig vorfiltert, was es uns zeigt, kann eine bewusste Entscheidung bereits zu einer Umprogrammierung des Gehirns beitragen. Das Verstärken dabei ist der Power-Boost für die neuronalen Vernetzungen und verankert das Gefühl hinter der Entscheidung. Es reichert die gewählte Variante dadurch mit Energie an. Du hauchst der Variante durch deine Intention und dessen Verstärken mittels der Magischen Handbewegung sozusagen im wahrsten Sinne des Wortes Leben ein.

Das Wichtigste, das du über die Arbeit mit Intentionen wissen musst, ist Folgendes: Eine Intention ist eine klar formulierte Absicht. Sie ist nicht zu verwechseln mit einem Wunsch! Alle Aussagen, die mit einem Wunsch (ich möchte, ich will, ich wünsche mir) beginnen, drücken das »Nicht-Haben« des Gewünschten aus. Einfach gesagt: Jemand, der seine Premiumbeziehung bereits lebt, strahlt die Frequenz von: »Ich habe eine Premiumbeziehung« aus und nicht »Ich wünsche mir eine Premiumbeziehung«. Somit ist die wichtigste Gedächtnisstütze beim Intentionieren, dass alle Absichten in der Gegenwart formuliert sein müssen, so als hätte sich dein Wunsch bereits erfüllt.

Das Schönste am Intentionen Boostern ist, dass du es überall und zu jeder Zeit schnell anwenden kannst. Das ist für mich grundsätzlich ein Kriterium für energetisches Arbeiten, da ich es unglaublich wichtig finde, dass wir unser erlerntes Wissen auch im Alltag anwenden können, um dessen Nutzen wirklich und nicht nur scheinbar zu haben.

Lass uns nun gemeinsam deine erste Intention in diesem 7-Tage-Programm setzen: die Ante-Intention!

Ante-Intention für deine Premiumbeziehungen

Liebes, ich lasse dich nicht unter deinem vollständig genutzten Potenzial davonkommen. Wir denken an alles Hilfreiche und setzen es spielerisch voller Freude um, um für dich die besten Ergebnisse zu erzielen, denn du hast sie so sehr verdient!

Aus diesem Grund setzen wir nun die Ante-Intention. Eine Ante-Intention ist eine klar ausgedrückte Absicht, die wir für ein kommendes Ereignis haben. Du wählst vor einem Ereignis, wie stark es sich auf dein Leben auswirken soll und darf. Das ist eine wirklich geniale Sache, wenn man bedenkt, dass unser Gehirn mit Freuden einfach das macht, was wir ihm in Auftrag geben, statt es per Zufallsprinzip selbst zusammenwürfeln zu müssen.

Lege also nun mit der Ante-Intention den Grundstein für wirkungsvolle Veränderungen. Diese ist gleichzeitig deine erste Premiumintention in diesem Programm. Los geht's!

- Setze dich zunächst bequem hin, schließe die Augen und nimm einen tiefen Atemzug!

- Mach dir jetzt bewusst, dass all deine Entscheidungen Einfluss auf dein Leben haben und Energie der Aufmerksamkeit folgt.

- Lies dir die folgende Absicht durch und halte dabei deine Hand senkrecht vor deinen Solarplexus. Die Fingerspitzen zeigen dabei nach oben:

  Ante-Intention: »Ich beabsichtige durchdringend, dass dieses 7-Tage-Programm mich voll von den Socken haut und ich die Wirkung dessen vollkommen unterschätzt habe. Ich erkenne mit jedem Tag mehr die intensive Wirkung der 64 Premiumintentionen und freue mich jeden Tag noch mehr über all meine Premiumbeziehungen, die mein Leben wunderbar bereichern.«

- Nun aktivierst du die eben durchgelesene Intention, indem du deine Hand nach vorne wegkippst. Die Fingerspitzen zeigen nach der Magischen Handbewegung vom Körper weg. Wenn du möchtest, kannst du beim Aktivieren, also der nach vorn ausgeführten Handbewegung, ausatmen und dir dabei vorstellen, wie ein Energiestrahl aus Licht deine Absicht an das Universum sendet.

Gratulation, Liebes, du hast soeben deine erste Premiumintention gesetzt!

- Mit jedem Mal, wenn du nun an die Intention denkst, kannst du diese rückwirkend mit der Magischen Handbewegung verstärken und ihr erneut Energie zuführen. Dadurch machst du sie noch stärker.

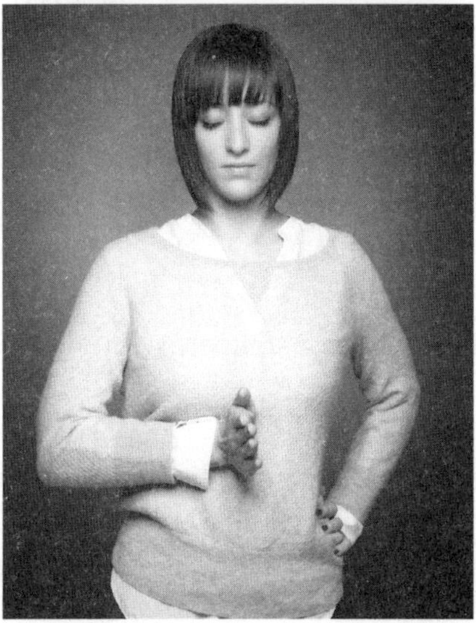

Falls etwas in dir zweifelt, dieses 7-Tage-Programm erfolgreich abschließen zu können und die maximal beste Wirkung zu akzeptieren, lege diesen Zweifel jetzt, genau in diesem Moment, ab, denn du brauchst ihn für diese Zeit nicht. Du hast dieses Buch gekauft und vor, es zu lesen, und ob die Magische Handbewegung nun in höchster Perfektion ausgeführt wird, spielt dabei keine Rolle. Es geht darum, dass du dich wohlfühlst, es auf deine wunderbar einzigartige Art machst und dir den Spaß an der Sache gönnst. Mach den Weg frei und düse volle Kraft voraus in Richtung Premiumerfolg. Verlasse dich dabei ganz auf deine Intuition. Alles, was du für die Anwendung wissen musst, wirst du zur rechten Zeit erfahren. Vertraue und genieße den Rundum-Service, du hast schließlich dafür bezahlt. Warum also nicht das Allerbeste daraus ziehen?!

Der Magischen Handbewegung auf der Spur

Die Magische Handbewegung ist eine wunderbare Möglichkeit, deine Energiekanäle in ihrem Fluss zu stärken und somit deine Energetik zu stabilisieren. Mit diesem leicht und vor allem schnell umsetzbaren Tool zeigst du dem Universum, wovon es dir mehr bringen soll. Jeder kann die Magische Handbewegung einsetzen, und das zu jeder x-beliebigen Zeit an jedem Ort. Das gefällt mir so gut an ihr!

Lass uns den gesamten Ablauf des Setzen, Aktivieren, sowie Verstärken von Intentionen noch einmal gemeinsam durchgehen, sodass du dich während der kommenden sieben Tage komplett sicher damit fühlst:

- Setze dich bequem hin, schließe für einen Moment die Augen und nimm einen tiefen Atemzug.

- Mache dir bewusst, dass all deine Entscheidungen Einfluss auf dein Leben haben und Energie der Aufmerksamkeit folgt.

- Lies dir die jeweilige Intention durch und halte dabei eine Hand (egal ob links oder rechts) senkrecht vor deinen Solarplexus. Die Fingerspitzen zeigen dabei nach oben, wobei die Handkante zu deinem Körper zeigt.

- Danach aktivierst du ihre Wirkung durch das Kippen der Hand nach vorn. Die Fingerspitzen zeigen danach vom Körper weg. Wenn du möchtest, kannst du dir zusätzlich vorstellen, wie ein Energiestrahl deine Absicht an das Universum sendet.

- Nach diesen vier Schritten hast du die Intention erfolgreich abgesendet. Du kannst nun mit der nächsten Intention fortfahren, bis die Aufgaben für den Tag erledigt sind.

Falls du dir mit der Magischen Handbewegung noch nicht sicher sein solltest, habe ich im Internet zusätzlich ein Video mit einem Bonus für dich hochgeladen, das die Magische Handbewegung noch einmal erklärt! Suche dazu im Internet nach dem Stichwort »Magische Handbewegung mit Jayc Jay« oder nutze den QR-Code auf Seite 127 mit deinem Smartphone.

Mithilfe dieser wunderbaren Anleitung kannst du wahrlich Magisches in deinem Leben bewirken. Mit jedem Tag werden sich dessen Ergebnisse mehr in deinem Alltag zeigen können. Es ist einfach schön, erkennen zu dürfen, dass deine Welt sich wirklich um dich kümmert.

Die Tore zur Premiumvariante weit öffnen!

Spatz, ich kann dir gar nicht sagen, wie glücklich ich bin, dir diese Zeilen schreiben zu dürfen. Es hat lange gebraucht, bis ich an meinem eigenen Wertgefühl so gearbeitet hatte, sodass dieser Leichtigkeit Gehör verschaffen wurde. Nun ist es aber so weit: Du hältst dieses Buch in den Händen und bist bereit, eine Leichtigkeit in einem so großen Maße in deinem Leben zu empfangen, dass es dich völlig überrumpeln wird. Und das ist gut so, denn die überschwänglich schönen Geschichten finden oft plötzlich statt und erwärmen unser Herz von innen heraus.

In diesem Buch geht es grundsätzlich um den Genuss! Dutzendfach werden uns im Alltag bereits Wünsche erfüllt. Während wir dies feststellen, müssen wir in dieser Gesellschaft aus Gründen der Anerkennung auch noch den mächtigen Boss raushängen lassen und dürfen uns dabei nicht mal mehr wie kleine Kinder freuen. Das ist, als ob man sich fast achtzig Prozent des Spaßes am Wünsche-Erfüllen nehmen würde. Doch eigentlich wäre das Sich-wie-ein-Kind-freuen unsere absolute Premiumvariante: souverän und freudig zugleich Ziele schnell und leicht erreichen. Und genau aus diesem Grund kommt das Verb »genießen« in unseren Beziehungsintentionen in diesem 7-Tage-Programm nicht selten vor.

Liebes, es ist Zeit, wieder aufzumachen!

Viel zu oft schon wurden wir verletzt und sind ab und an noch dabei, alte Wunden zu lecken und darauf zu warten, dass diese vollkommen heilen. Ob die Verletzungen berechtigt, durch große oder winzig kleine Ereignisse verursacht wurden, spielt dabei keine wichtige Rolle. Vielmehr geht es darum zu erkennen, dass nun der Moment gekommen ist, wieder dein Herz zu öffnen – und zwar in allererster Linie für dich. Wenn du diese kleine süße Tür deines zauberhaften Herzens öffnest, wirst du sehen, dass dahinter gar kein Groll mehr ist, sondern lediglich die reine Dankbarkeit für das Wiederkennen deines wahren Seins, deines liebevollen Wesens, welches sich hier in seiner Schöpferkraft ausdrücken und mit anderen gemeinsam verbinden möchte.

Wir brauchen uns leider nicht darüber zu wundern, dass wir bei geschlossenen Herzens-Türen besonders in Partnerschaften immer weniger Aufmerksamkeit erhalten und immer weniger für den anderen empfinden. Es ist, als ob wir es durch das Verschließen so wählen würden. Das Konstrukt des Verschlossenseins ist keines, das unfassbar viel gemeinschaftliche Gefühle auslösen kann. Sei deshalb ganz liebevoll-achtsam mit dir und vor allem geduldig und voller Verständnis dafür, dass es nun langsam Zeit ist, die Tür deines Herzens zögerlich, aber doch sicher zu öffnen. Dadurch können wir die lang ersehnte Nähe zu uns und anderen wieder in ihrem ganzen Maß erfühlen. Mach dir aber keinen Kopf um das Wie. Allein die Tatsache, dass du im Moment diese Zeilen liest, bedeutet, dass dein Unterbewusstsein sich bereits für die Variante des Herz-wieder-Öffnens entschieden hat und am Werkeln ist.

Ich beglückwünsche dich von Herzen, denn es gibt nichts zu tun, als mutig voranzuschreiten!

Tag 1: Dies und das führt zwischen Tür und Angel zu Leichtigkeit

Heutzutage hat jeder Ängste. Überall lernen die Menschen, immer mehr über ihre Ängste zu sprechen!

Das hat auch etwas Gutes, doch mittlerweile liegt es im Trend, Dinge nicht einfach mal zu tun, sondern es stattdessen voll spiritueller Arroganz aus den unterschiedlichsten Blickwinkeln sehr oft durchzukauen. So lange, bis die Angstgefühle komplett verschwunden sind und lediglich die Unsicherheit übrig bleibt, was nun zu tun ist.

Es ist Zeit, diese Angewohnheit abzulegen und immer weniger über Ängste, viel mehr aber über das zu sprechen, was du beabsichtigst und möchtest. Das funktioniert am besten Schritt für Schritt in der richtigen Mischung. Mit jedem Schritt und jeder einzelnen dieser Intentionen darfst du bewusst in ein freieres, selbstsicheres Leben gleiten.

Die erste Premiumintention an diesem Tag setzen wir gemeinsam.

- Lass dich bequem auf einem Stuhl oder wo immer du möchtest nieder. Nimm einen tiefen Atemzug. Währenddessen machst du dir bewusst, dass deine Entscheidungen Einfluss auf dein Leben haben und Energie der Aufmerksamkeit folgt.

- Jetzt liest du dir die Intention zum Thema »Haustürschlüssel« durch und hältst dabei deine rechte Hand senkrecht, mit den Fingerspitzen nach oben zeigend, vor deinen Solarplexus (Fingerspitzen auf Höhe des Herzchakra).

  Haustürschlüssel: »Alles Schöne, das mir in meiner Umwelt auffällt, darf innerhalb kurzer Zeit auch in meinem eigenen Leben seinen Platz und seine Berechtigung finden. Ich erlaube mir durchdringend, all das Gute nun im Überfluss kennen- und lieben zu lernen. Deshalb freue ich mich nun jedes Mal noch mehr, wenn mir etwas Schönes in meiner Umgebung auffällt, weil ich weiß, dass es schon bald auch in meinem Leben sein darf.«

- Aktiviere jetzt die eben gesetzte Intention mit der Magischen Handbewegung, indem du deine Hand mit den Fingerspitzen nach vorn kippst und dir dabei einen schnell wegflitzenden Energiestrahl vorstellst.

- Genau so machst du es jetzt mit den weiteren Intentionen.

Briefe und E-Mails: »Ich bin so dankbar für all die wundervollen Komplimente, die nun wie Briefe in mein Leben flattern. Mit jedem Brief und jeder einzelnen E-Mail, die ich bekomme, erhalte ich mehr ehrliche Komplimente, die ich liebend gern in mein Herz aufnehme.«

Handy: »Ich beabsichtige, dass ich mich immer selbstsicherer fühle und meiner Welt komplett vertraue, dass ich ausschließlich Premiummäßiges erlebe. Jedes Mal, wenn ich mein Handy berühre, festige ich das Wissen, dass jeder und alles um mich es unglaublich gut mit mir meint. Jeder einzelne und gar spöttische Zweifel daran verstärkt diese Variante der Sicherheit noch mehr, und ich bin unglaublich dankbar dafür, endlich mal einfach nur alles richtig machen zu können.«

Handfeger und Schaufel: »Der Dreck in meinem Leben beschränkt sich lediglich auf ein bisschen Kehricht und spaßiges Schimpfen. Mein Handfeger und die Schaufel finden immer den geeigneten Platz für den Gegenpol in meinem Leben, der mich im Gleichgewicht mit dem großen Ganzen hält.«

Fußmatte: »Jeder, der über meine Fußmatte läuft, wird direkt von negativen Ereignissen und Erinnerungen bereinigt. Dadurch werden wir alle, ich inklusive, immer wundervollere Artgenossen.«

Stromkasten: »Mein Stromkasten sorgt dafür, dass ich ein angenehm lebendiges Freudenfest in Gesprächen erlebe. Ein Gespräch erfreut mich ab sofort mehr als das andere. Dabei spielt es keine Rolle, ob das mit der Kassiererin, dem Postboten, meiner Familie oder meinen mir nächsten Menschen ist.«

Uhr(zeit): »Ich erkenne, dass Zeit für mich eine Premiumrolle spielt. Meine Begegnungen mit Menschen sind perfekt getaktet, und ich vertraue dem Leben, dass es immer die richtigen Menschen in Liebe zu mir bringt oder die falschen von mir fernhält.«

Spiegel: »Jeder hübsche und nette Mensch stärkt meine eigene Schönheit energetisch. Ich erlaube mir durchdringend, mit jedem Jahr schöner und zufriedener mit mir selbst zu sein und meine Schönheit tatsächlich in vollen Zügen zu genießen.«

Wenn du mein erstes Buch *8 x 8 Premiumintentionen. Das Zuhause energetisieren und Wünsche erfüllen* gelesen hast, kannst du dich vielleicht noch an die heiß geliebte Intention zum Bügeleisen erinnern.

- Machen wir uns ihr bereits stark energetisiertes Feld zunutze und verwenden diese Intention zur Unterstützung deiner kraftvollen Arbeit. Durch diese Intention knüpfen wir an ein bereit bestehendes, stabiles Resonanzfeld an und das wird es dir leichter machen, dir selbst in diesem Prozess mehr zu vertrauen.

  Bügeleisen: »Mein Bügeleisen besänftigt und glättet Wut und gibt energetischen Parasiten keine Chance mehr. Ich bin entspannt und voller Frieden mit mir und anderen. Das Beste daran ist, dass ich mich immer mehr an Dingen erfreue und immer weniger bügeln muss, weil meine Wäsche unerklärlicherweise wie von allein schön glatt bleibt. Immer, wenn ich andere bügeln sehe, schmunzle ich, weil ich denke, dass sie auf ebenso effektive Weise ihre Wut abbauen.«

Vertraue dir, dass du das Richtige zur richtigen Zeit tun wirst. Dieses Programm ist so konstruiert, dass du es einfach nur richtig machen kannst. Die nötigen Informationen wirst du zum passenden Zeitpunkt lesen.

- Lehne dich zurück und überlasse »etwas Höherem« die Arbeit. Es darf sich um dich gekümmert werden, sodass die Welt dir die Freude und Liebe liefert, die du verdient hast! Du darfst dich nun an angenehmere Gesprächspartner gewöhnen, so wie du es verdient hast.

Tag 2: Küchengezwitscher für mehr Begeisterung

Gratulation, Liebes, du hast den ersten Tag und die erste der neun Premiumintentionen hinter dir. Nun geht es mit dem Küchengezwitscher weiter, welches dich zu mehr Begeisterung in deinem Leben führen darf. Schluss mit Langeweile in zwischenmenschlichen Beziehungen.

- Stell dir vor dem Setzen der Intention immer den genannten Gegenstand vor und lies dir daraufhin die Intention durch. Denke an die Magische Handbewegung nach dem Durchlesen jeder Premiumintention, um sie zu aktivieren.

  Drehknöpfe am Backofen: »Alles, was ich mir wünsche, darf nun erfüllt werden und läuft nach Plan oder sogar besser. Mit den Ergebnissen meiner vertrauensvollen Realitätssteuerung bin ich voll und ganz zufrieden. Jedes Mal, wenn ich die Drehknöpfe an meinem Backofen berühre, verankert sich das Gefühl von vertrauensvoller Kontrolle noch tiefer in mir.«

Spülbecken: »Mein Spülbecken gibt mir die Sicherheit, dass mir alles erhalten bleibt und ich mir bewusst bin, dass ich jederzeit auf all die Frequenzen von meinem Herzen aus zugreifen kann, wenn ich das wünsche. Dadurch, dass mein Spülbecken mir das Loslassen im leeren Raum widerspiegelt, erkenne ich umso mehr, dass all meine Gefühle und Erinnerungen zu jeder Zeit vorhanden sind, jedoch nicht alle gleichzeitig Raum einnehmen müssen. Der Fluss des Lebens darf wie auch in meinem Spülbecken fließen und mich energetisch stabilisieren.«

Wasserhahn: »Jedes Mal, wenn mein Wasserhahn mir wertvolles, gesundes Wasser kräht, erlaube ich mir, eine positive, erleichterte Wortwahl zu haben und all die unausgesprochenen Worte einfach dahinfließen zu lassen. Ich bin in Frieden mit mir und meiner Wortwahl und genieße es, dass mein Wasserhahn mich auf so wundervolle Art unterstützt, das frei auszudrücken, was ich fühle.«

Zucker/Honig/Agavendicksaft (oder womit du süßt): »Geborgen genieße ich die Süße des Lebens in vollen Zügen. Ich vertraue dem Leben immer mehr, dass es mir stetig weitere wundervolle Zustände und Begebenheiten liefern kann. Endlich darf ich mich dadurch dieser zarten Süße des Lebens gelassen hingeben. Ich beabsichtige weiterhin, dass diese Intention besonders stark und schnell wirkt und sich darüber hinaus mit jedem einzelnen Erfolg dreifach verstärkt und sie ihr Energiepotenzial verdreifacht.«

Arbeitsplatte: »So wie ich spielerisch, voller Leichtigkeit, meine Arbeitsplatte abwische, genauso leicht und spielerisch ist die Pflege meiner Freundschaften. Ich liebe es, dass meine Arbeitsplatte mich darin unterstützen darf, dass meine Freundschaften mit jeder Begegnung noch unkomplizierter und wundervoll berührender sind.«

Töpfe: »Ich beabsichtige durchdringend zu fühlen, dass der absolute Premium-Deckel zu meinem Topf wirklich da ist und erlaube mir zu erkennen, dass der Deckel und der Topf sich mit der Zeit entwickeln und daher auch ich im Fluss mit der Veränderung, mit all der positiven Expansion, gehen darf.«

Stopp mit Wegrennen

Woran erkennst du, ob es in einer Beziehung Zeit ist, zu gehen oder zu bleiben? Das ist eine Frage, die so manches Gewissen quält. Der ganze Druck, eine perfekte, immer erfüllende Beziehung haben zu müssen, macht es nicht leichter. Natürlich kann ich dir hier pauschal keinen Rat geben, da ich keinen Einblick in deine Verhältnisse habe. Deshalb bleibt die Verantwortung dafür komplett bei dir. Solange der Gedanke zu gehen sich nicht befreiend leicht anfühlt, ist die Zeit dafür noch nicht gekommen. Mein Gefühl und die Coaching-Erfahrung sagen mir ganz klar, dass wir immer wieder Dinge erleben, die wir eigentlich schon aus früheren Beziehungen kennen. Wegrennen ist da das Erste, das uns einfällt, denn die frühere Erfahrung wollen wir nicht noch einmal wiederholen. Doch wenn ein Problem aufkommt und dieses immer wieder die gleiche Art Gefühle auslöst, ist es an der Zeit, mit der Expansion zu gehen und zu lernen, die Frequenz auszustrahlen, welche dir die Erfüllung im Herzen bringt. Hierzu ist kein Partnerwechsel nötig. Ganz im Gegenteil habe ich die Erfahrung gemacht, dass wenn man bleibt und gemeinsam authentisch wächst, die Beziehung immer freier von solchen Wiederholungen wird, die sich wie Parasiten an einen heften, und auch immer erfüllender ist. Wenn dich die Frage »Bleiben oder nicht bleiben?« quält, ist es Zeit, dich zu prüfen, ob es sich um wiederkehrende unangenehme Muster handelt oder ob es wirklich eine ungesunde Beziehung ist, ohne die du dein Leben beständiger genießen kannst.

Pfannen: »Alles, was ich in die Pfanne haue, zeigt mir, dass ich in Sicherheit bin, denn das Essen wird nicht bestraft, sondern liebevoll zubereitet. Somit ist das In-die-Pfanne-Hauen nur eine Interpretation, die in meinem Leben ausschließlich in der Küche in Zusammenarbeit mit der Pfanne existiert. Sie darf deswegen vollständig aus meinem sonstigen Alltag verschwinden.«

Salz: »Jedes Mal, wenn ich Salz benutze, spüre ich, dass mit jedem Tag im Überfluss liebevolle, ehrliche Aufmerksamkeit in mein Leben strömt, und ich nehme dies voller Genugtuung an.«

Pfeffer: »Mein Leben begeistert mich täglich mehr, und ich finde Abertausende Arten, meine Begeisterung für das Leben zu entfalten und zu genießen. Mit dem Verwenden von Pfeffer und durch jedes Gericht, in dem Pfeffer vorhanden ist, erlebe ich diese Begeisterung bewusster und noch selbstsicherer in vollem Umfang.«

Teller: »Ich beabsichtige durchdringend, ein höchst zufriedener Mensch zu sein und mit mir und meinem Selbst sowie meinem Charakter vollkommen zufrieden und angenommen zu sein. Meine Teller hüllen mich mit diesen Frequenzen mit jedem Benutzen rundum in diese wundervolle Zufriedenheit ein.«

Schere: »Meine Schere erinnert mich daran, offen dafür zu sein, mich von nicht mehr hilfreichen Dingen zu trennen und alte Dinge mit einem guten Gefühl loslassen zu können. Ich behalte all die freudigen

Momente in meinem Herzen und modele die Frequenzen von negativen Ereignissen automatisch mit jedem Benutzen einer Schere um. Ich brauche mich nicht an die negativen Dinge in meinem Leben zu erinnern, weil ich mir erlaube, das beste Stück aus jeder Sache herauszuschneiden.«

Übrigens: Du hast dich sicher schon gefragt, warum ich dich immer mit »Liebes« anspreche. Ich verwende dieses liebevolle Wort für Männer wie Frauen, weil es ausdrückt, was ich in dir sehe. Ich sehe dein Wesen und deine Größe. Liebevolle Worte enthalten liebevolle Frequenzen.

Tag 3: Anmutig im Badezimmer schwelgen

Liebes wundervolles Wesen, wir sind an Tag 3 angelangt, und heute wird dein Badezimmer durch die Mangel gedreht. Alle alten Frequenzen, die du losgelassen hast, sammeln sich gern im Badezimmer. Die Waschanlage deines Körpers möchte dich nun von all dem befreien, das nicht mehr hilfreich und schon losgelöst ist, und dir somit ein angenehmeres Leben erlauben. Besonders auch in unseren Beziehungen kann das Badezimmer so unglaublich nützlich sein, weil es den Motor der Transformation aktiv und eure Reaktionsfähigkeit immer auf dem neuesten Stand hält. Denn wer noch von Altlasten besetzt ist, kann nicht frei agieren. Das verhält sich so, als würde man vollbepackt Sport treiben wollen.

- Aus diesem Grund starten wir schnell und ungeduldig in deinen dritten Premiumtag. Lass dich überraschen.

Kacheln: »Ich erlaube mir, entscheidungsfreudig und spontan zu sein und im nächsten Schritt gelassen zu meinen Entscheidungen zu stehen. Dadurch gewinnen diese an immenser Qualität und erfüllen mich zutiefst. Ich werde von meiner Welt immer wieder aufs Neue für meinen Mut belohnt und genieße diesen wundervollen Tanz des Wählens als Schöpfer meiner Realität.«

Klopapier: »Ich schaue mit verständnisvollem Blick auf all meine Wertungen und spüle sie allesamt mit jedem benutzten Stück Klopapier herunter. Gleichzeitig lerne ich jedes Mal, wenn ich Klopapier benutze, automatisch immer weniger zu werten und dem Leben und seiner Fülle gegenüber immer offener zu sein.«

Duschgel: »Ich beabsichtige, die Liebe meiner Mitmenschen, meines Partners und die meiner Eltern durchdringend zu spüren und ihre Vielfalt immer intensiver zu entdecken. Ich bin so dankbar, dass ich den Weg des Friedens und der Liebe bereits voller Leichtigkeit und selbstverständlich gewählt habe.«

Es braucht kein großes Leid,
um Wunder erleben zu dürfen!

Wir müssen nichts Schlimmes durchleben, um ein Wunder zuzulassen! Es geht darum, die Wunder unabhängig von deiner Entwicklung mehr in dein Leben zu lassen. Genieße es, diesen freudigen Tanz von Ko-Kreation gemeinsam voller Elan zu empfinden und zu leben. Viele Menschen sagen, man müsse sich die Dinge erarbeiten. Damit haben sie recht. Doch auf welche Art und Weise jeder das für sich umsetzt, ist dabei der springende Punkt. Auf dem Weg zum Ziel können ein paar Steine liegen. Das bedeutet jedoch nicht, dass diese sich dort befinden, damit wir leiden. Hindernisse sind immer wichtige Lichtbringer für eine Entwicklung auf eine höhere Ebene. Sie sind sozusagen die Erinnerung an deine vollständige Frequenzanhebung.

An dieser Stelle drück ich dich energetisch aus der Ferne ganz lieb, um zu zelebrieren, dass du von nun an Wunder auch ohne Leid oder ein Problem in dein Leben einladen darfst. Jetzt bist du vollkommen bereit, diese wunder-volle Variante zu leben und kannst voller Verständnis auf deine Vergangenheit blicken, weil Frieden einkehren darf.

• • •

Haarshampoo: »Ich finde überall und zu jeder Zeit Wege, meine Dankbarkeit für all die wundervollen Begebenheiten auszudrücken und zu erweitern. Ich bin mir bewusst, dass Dankbarkeit mein Herzfeld mit grandiosen Frequenzen bestückt und somit meiner Premiumvariante einen Powerboost verpasst.«

Rasierer: »Ich beabsichtige, mich ehrlich verstanden und angenommen zu fühlen. Meine Umwelt spiegelt mir meine Erlaubnis, einfach ich selbst zu sein, auf liebevolle Art und Weise wider. Ich bin so dankbar, dass ich jedes Mal, wenn ich meinen Rasierer benutze, mehr das Gefühl habe, ich selbst sein zu dürfen, mit allen Facetten, die dazugehören. Das trägt dazu bei, dass ich mich jederzeit wieder verändern darf.«

Taschentücher: »Besonders beruflich fühle ich mich von meinem direkten Umfeld geschätzt und werde für meine tägliche Arbeit geachtet. Selbst wenn ich dies momentan noch nicht so intensiv sehen kann, bin ich bereit, es nun in voller Pracht zu erkennen und mich damit pudelwohl zu fühlen. Wertschätzung zu bekommen ist etwas Tolles! Jedes Mal, wenn ich ein Taschentuch benutze oder jemanden sehe, der eines benutzt, verstärkt sich diese Variante automatisch um ein Vielfaches!«

Fensterscheibe: »Ich beabsichtige, dass das Verträumtsein mich zu meiner wahren Größe bringt und mir die Momente der Klarheit noch viel klarer erscheinen lassen, sodass ich beide Seiten – das Verträumtsein und das Klarsein – vollkommen genießen kann.«

Toilettenspülung: »Ich bin völlig begeistert davon und zutiefst dankbar, dass ich mich mit jedem Betätigen meiner Toilettenspülung erleichterter, sinnerfüllter und zufriedener fühle. Meine Beziehungen und deren gemütliche Bereicherungen fühlen sich so erfüllend ausgeglichen an.«

Zahnbürste: »Auf grandiose Weise entdecke ich mit jedem Geschlechtsverkehr meine Sexualität neu. Ich erkenne, wie aufregend es ist, im Fluss mit mir und meinem Partner zu sein und vertraue dabei vollkommen meinem höheren Selbst. Mit jedem Zähneputzen erhöht sich meine Erlaubnis, diese grandiose Variante tatsächlich zu leben.«

Lass das Kontrolldenken los

Es geht bei den Intentionen in diesem Buch nicht darum, dass du sie auf den Punkt genau verstehst. Ebenso musst du dich beim Setzen nicht zwanghaft konzentrieren. Es benötigt nicht mal eine genaue Erinnerung, was in der eben gesetzten Intention geschrieben steht. Es geht insbesondere darum, aufzumachen und nachzuspüren, was dabei in deinem Körper geschieht.

Ab und an wiederholen sich Worte und Absichten, und jede einzelne Premiumintention ist genau so angelegt, dass dein Unterbewusstsein die enthaltenen Frequenzen komplett aufnehmen und positiv verarbeiten kann. Du wirst von der wundervollen Wirkung dieser Wortkombinationen begeistert sein, das kann ich dir versprechen. Alles, was du jedoch tun musst, ist aufmachen.

- Nimm einen Atemzug und gönne dir diese tiefgreifende Veränderung voller Leichtigkeit. Du brauchst dich später an keine der Intentionen erinnern zu können.

Ich freue mich schon auf den morgigen Tag. Lass es dir gut gehen!

Tag 4: Wohnzimmer für hochqualitative, interessante Beziehungen

Durch diese wundervollen Dinge, die du momentan für dich beabsichtigst und in deinem Leben aktivierst, verändert sich auch parallel die Sichtweise auf deine Vergangenheit. Wenn wir Dinge mit Leichtigkeit ertasten und einen neuen Blickwinkel im Alltag erlangen, geschieht es wie von allein, dass in die alten Geschichten ebenfalls mehr Frieden hineinkommt. Und trotz der Sichtweise, dass wir die Vergangenheit scheinbar nicht ändern können, können wir dennoch deren Auswirkung auf unser jetziges Leben bestimmen.

Und diese Auswirkungen sind das, worum wir uns jetzt kümmern.

Der vierte Tag in diesem Programm hat begonnen, und ich lade dich herzlich ein, nun wirklich stolz auf dich zu sein. Du bist die Person, die dies gerade für dich tut, sich die Mühe macht, sich die Zeit nimmt und all die Aufwände betreibt, um dorthin zu kommen, wo du in puncto Beziehungen sein möchtest. Dein neuer Ist-Zustand rückt immer näher! Um diesen tollen Schritt gebührend zu zelebrieren, möchte ich dir heute einen neuen Begleiter vorstellen: »BÄM«.

»BÄM« ist sozusagen das Amen der Neuzeitschamanen. Wir arbeiten ständig an uns und vergessen von Zeit zu Zeit, uns dafür auch zu belohnen, die Veränderungen zu feiern und zu bestärken. Das Wort »BÄM« hilft bereits zahlreichen Menschen, diesen Zug des Selbstlobes nicht zu verpassen, denn sie sind rechtzeitig auf ihn aufgesprungen, um das Freudenfest in ihr Leben zu ziehen.

Ich selbst verwende das Wort »BÄM« immer dann, wenn ich etwas gut finde und verstärken möchte, oft auch in Kombination mit der Magischen Handbewegung. Im Anschluss an das Setzen und Verstärken einer Premiumintention verwende ich das Wort »BÄM«, um dessen Wirkung erneut zu bestärken. Nun nimmst du deine Intention nicht nur haptisch (durch die Magische Handbewegung) wahr, sondern zudem auch noch auditiv, was den Prozess realer macht. Dadurch wiederum manifestiert sich dessen Frequenz noch schneller in deiner materiellen Welt. Du hast ihr sozusagen den Weg bereitet. Lass uns das direkt an Tag 4 und dem fortlaufenden Programm ausprobieren, indem du jeder Intention nach der Magischen Handbewegung noch ein intensives »BÄM« hinzufügst.

- Los geht's mit den Premiumintentionen für dein Wohnzimmer.

Pflanzen: »Ich erlaube mir durchdringend bis in jede einzelne meiner Zellen, dass die Liebe nun in meinem Leben Einzug hält und ich dieser Liebe bedingungslos vertraue. Mit jedem Tag, an dem das Setzen dieser Intention länger wirkt, ist auch mein Umfeld von tieferer Liebe geprägt. Dies bemerke ich an dem stetig liebevoller werdenden Umgang mit Worten und in der Gestik meiner Mitmenschen. Meine Pflanzen kümmern sich rührend um die Realisierung dieser Intention.«

Feuerzeug: »Ich erlaube mir durchdringend mit jedem Benutzen eines Feuerzeuges, dass in Beziehungen immer weniger Stress nötig ist und dies direkt durch mehr Lachen, guten Sex und Wertschätzung ersetzt wird.«

Sofa: »Es wird mir mit jedem Sitzen auf dem Sofa sowie mit jedem Blick darauf mehr bewusst, dass ich ein grandioses Wesen bin. Ich erlaube mir, ab und an albern zu sein, ohne darüber nachdenken zu müssen, ob ich daraufhin in anderen Situationen wieder ernst genommen werde. Ich fühle mich in jedem Moment sicher und geschätzt.«

Stühle: »Ich beabsichtige, dem Genuss und der Schöpferkraft des Genusses in meinem Leben wieder einen wundervollen, grandios großen Platz einzuräumen. Diese Intention verstärkt sich jedes Mal, wenn ich auf meinem Stuhl sitze, sodass Genuss innerhalb kurzer Zeit wie selbstverständlich zu meinem Alltag gehört.«

Esstisch: »Ich erlaube mir jetzt in diesem Moment durchdringend, dass dieses Leben mich und meine Seele unglaublich bereichern darf. Ich fühle, dass es gewollt ist, in diesem Leben ab jetzt unfassbar viel Freude und Spaß zu haben, und ich bin bereits zutiefst dankbar dafür. Immer, wenn ich an meinem Esstisch sitze, sehe ich meinen inneren wie äußeren Gabentisch klarer vor mir und kann mein Leben noch mehr genießen.«

Sofakissen: »Ich erlaube mir, das höchste Maß an Wertschätzung für mich selbst zu erleben, und dies ebenso anderen widerspiegeln zu dürfen. Meine Sofakissen tragen dazu bei, dass das Leben ein Freudenfest aus Dankbarkeit ist und all meine Beziehungen mich bereichern dürfen.«

Selbstliebe mit stetiger Steigerung!

Hast du diese Erfahrung auch schon gemacht: Je besser Leute dich kennen, desto übermütiger werden sie und schätzen nicht mehr so sehr wert, was du für sie tust? Die Euphorie des Kennenlernens ist irgendwann vorbei, und man fühlt sich nach einiger Zeit einfach nicht mehr in dem Maß wertgeschätzt, wie man es sich wünscht.

Nun ist es an dir, den Weg der Frequenzanhebung zu gehen und auch in diesem Fall deine eigene Selbstliebe zu stärken und mehr zu festigen. Eine große Wertschätzung von außen ist leicht anzunehmen und auch abzutun, wenn die Person nicht zu nah und wichtig ist. Nachdem eine tiefe Nähe entstanden ist und man die Marotten des anderen bereits kennt, kommt oft eine Angst vor Ablehnung auf. Dann ist es Zeit, noch weiter aufzumachen und zugleich zu wählen, was du erleben möchtest: tieferes Verständnis für dein gesamtes Sein und dafür, was du tust, und vor allem auch dafür, was du nicht tust. Dadurch entsteht eine noch schönere Tiefe in Beziehungen, und deine Selbstliebe festigt sich immens, sodass sie für dich ein starkes Fundament bilden darf.

An dieser Stelle des Buches habe ich dir einen energetischen Helfer namens Jackie installiert. Ein Streifenhörnchen, welches dich auf den spielerischen Weg führt, auf dem du selbstverständlich mehr Selbstliebe integrierst.

Fensterkipper: »Ich öffne mich vertrauensvoll für überraschend schöne Erlebnisse mit Menschen. Je schöner und strahlender mein Umfeld und die Menschen um mich herum sind, desto mehr Vertrauen in meine Größe und Schönheit integriert sich in meinem Sein. Schönes spiegelt mir mein Selbst, und ich bin dankbar, dass mein Fensterkipper die wundervolle Aufgabe übernimmt und mir dies mit jedem Benutzen noch mehr ins Bewusstsein ruft.«

Heizung: »Es ist immer wieder schön zu sehen, wie das Leben mir neue Komplimente, angenehme Überraschungen und Geschenke liefert und mein Herz damit immer wieder aufs Neue erwärmt. Ich beginne nun, dem Guten immer mehr wirklich zu vertrauen und beauftrage meine Heizung damit, mich auf dem Premiumweg dorthin zu unterstützen.«

Selbst wenn es das Wetter innerhalb unserer Wohnung nicht als Gegenstand gibt, ist an dieser Stelle ein guter Zeitpunkt, um diesem eine positive Intention zukommen zu lassen, die dich im Alltag unterstützen darf.

Wetter: »Ich erkenne, dass meine Gefühle der Wechselhaftigkeit einen Grund haben. Sie treiben mich immer intensiver in meine Premiumvariante hinein und lassen mich umfangreicher genießen. Ich bin dem Wetter so dankbar, dass ich durch es erkennen darf, dass es stetig und zugleich wechselhaft ist, ich jedoch die Wahl habe und mich darüber freue, dass es für mich ein Segen ist.«

• • •

Lampe: »Mein Resonanzfeld darf sich wie das Licht meiner Lampe in alle Richtungen ausdehnen, welche mir dienlich sind. Ich erlaube mir, ständig neue Kontakte zu knüpfen und die Vielfalt von vertrauensvollen Begegnungen zu entdecken und zu genießen. Ich erkenne darüber hinaus, dass es meinen Partner ebenfalls sehr bereichert, wenn ich selbst glücklich bin.«

• • •

- Hattest du bereits Momente beim Lesen in diesem Buch, in denen dir die Informationen zu viel waren und dich überfordert haben? Erinnere dich jetzt daran, was ich zu Beginn des Buches geschrieben habe: Alles, was du in diesem Buch liest, ist eine Option. Wähle vollkommen intuitiv aus, was dir davon guttut und lasse das weg, was nicht für dich bestimmt ist.

- Besonders wenn etwas Unangenehmes kommt, ist es gut, sich diese Aufforderung noch mal ins Gedächtnis zu rufen und freiwillig eine Veränderung in deine Premiumrichtung einzuläuten.

- Ein guter Tipp für die optimale Arbeit mit diesem Programm ist, dass du lediglich das liest, was für diesen Tag bestimmt ist. Deshalb erteile ich dir nun ein Voraus-Lese-Verbot, damit du die Informationen häppchenweise in einem Premiummaß verarbeiten kannst.

- Gib dir die Zeit, damit die Frequenzen jeder einzelnen Seite durchdringend wirken und sich wohlig warm in dir entfalten dürfen. Doch der verstärkte Fokus dadurch ist immens.

Tag 5: Schlafzimmergeschichten sind vollständig

Wusstest du, dass deine Finger magisch sind? Sie transportieren bei Berührungen mit Gegenständen oder dem Körper zauberhafte Energie. Entdecke die Fähigkeit und Magie, mit deinen Händen zu arbeiten, wieder. Erfreue dich wirklich an der Produktivität, welche sie dir täglich ganz innig versprechen.

- Erinnere dich für einen Moment daran, wie es sich anfühlt, wenn dir zart und voll ungeteilter Aufmerksamkeit sanft mit den Fingerspitzen über den Rücken gestrichen wird.

Das hat eine immens ergreifende Wirkung und führt oftmals sogar zu Gänsehaut. Von dieser Magie spreche ich. Diese Wirkung haben deine Finger auch auf Gegenstände, wenn du sie sehr aufmerksam mit einer Intention belegst.

- Berühre heute die Gegenstände, denen du eine Aufgabe gibst und erkenne die Magie, die dabei entsteht, wieder. Es mag sich zunächst albern anfühlen, doch der verstärkte Fokus ist dadurch immens. Wenn es sich albern anfühlt, bist du im Kopf noch bei den anderen und deren scheinbaren Gedanken über das, was du da machst. Komm zu dir und leg los!

Dekoration und Bilder: »Meine Dekoration und Bilder dürfen zu einer klaren und berührenden Bilderwelt beitragen, welche über meinen Horizont hinausgeht. Somit darf sich in meinem Leben all das realisieren, was sich in meinem Innern als Herzenswunsch verbirgt. Danke für diese tatkräftige Unterstützung.«

Nachttischlampe: »Meine Nachttischlampe erinnert mich mit jedem Blick und Benutzen daran, dass ich ein wertvolles Wesen bin. Ich erkenne meinen Wert umfassender und gönne mir diesen liebevollen Blick und dessen Auswirkungen von ganzem Herzen.«

Matratze: »Meine Matratze sorgt dafür, dass meine sexuellen Bedürfnisse vollkommen erfüllt sind und ich mich selbst und meinen Partner immer wieder auf grandiose Weise neu entdecke. Ich erlaube mir, eine Vielfalt an erfüllender Sexualität bewusst zu erleben und zu genießen. Mit jeder Nacht, die ich auf meiner Matratze verbringe, verstärkt sich diese wundervoll erfüllende Variante.«

Wenn eine erfüllte Sexualität für dich noch ein Thema ist, dem einige Blockaden im Weg stehen, gibt es die Möglichkeit, diese mit dem Quantengemälde »Sexuelle Erfüllung« leicht und spielerisch aus dem Weg zu räumen. Mit 17 Jahren wurde mir durch ein Channeling meine Seelenaufgabe zuteil. Ich soll Gemälde durchleiten, welche ein Tor zu einer anderen Variante darstellen und Menschen Zugang zu höheren Frequenzen ermöglichen. Seit einigen Jahren folge ich nun voller Demut mit Jayc Jay Arts dieser Seelenaufgabe und spüre immer wieder, wie leicht und spielerisch sich die Frequenzen von den Quantengemälden in uns integrieren dürfen und in unserem Resonanzfeld aufräumen. Sie sind wahre Wegbereiter, was die Entwicklung hin zur Premiumvariante angeht, und können auch in Bezug auf die Sexualität besonders viel bewirken.

• • •

Bettwäsche: »Ich erlaube mir, meine Prioritäten loszulassen und im Moment zu leben. Alles hat zur rechten Zeit seinen rechten Platz, und ich kann meinem Leben vollkommen vertrauen und mich in diese Freude voller Dankbarkeit einhüllen.«

Kopfkissen: »Ich beabsichtige durchdringend, dass sich mein Leben hin zu meiner Premiumvariante verändern darf und dass ich jedes Mal, wenn mein Kopf mein Kopfkissen berührt, dieser sich mehr und mehr entspannt und voller Leichtigkeit auf die neuen Lebenswege und Einstellungen einlassen kann, welche mich wahrhaft glücklich machen.«

Bett: »Ich entdecke mich in meiner Sexualität immer wieder neu. Voll Sicherheit und Freude fühle ich meinen Wert und teile diesen in Form von meinem Körper mit einem wundervollen Menschen. Mit jedem sexuellen Akt potenziert sich eine wundervolle Schöpferenergie aus Reichtum, Gemeinsamkeit und Freiheit, von der ich und mein Partner oder meine Partnerin gleichsam profitieren.«

Lichtschalter: »Ich beabsichtige zu spüren, dass jeder seinen Raum und sein Feld hat. Ein Überschneiden der Felder führt immer zu einer Frequenzerweiterung und in meinem Fall stets zu einer Frequenzverbesserung für alle Beteiligten. Ich genieße es, mit Menschen respektvoll und achtsam beisammen zu sein und fühle das mit jedem Betätigen des Lichtschalters noch durchdringender.«

● ● ●

Dein Verstand ist ein gutes Alarmsystem!

Hast du schon Situationen erlebt, in denen du gerade eine wunderbare Veränderung angepeilt hast und die kleine Stimme im Kopf schon zu motzen beginnt: »Was wird dein Schatz wohl dazu sagen? Wie wird er wohl reagieren? Ist er damit überhaupt einverstanden?«. Wir fühlen uns sofort eingeschränkt, und oft sind wir dann infolgedessen nicht nur auf den Partner sauer, der uns scheinbar Grenzen setzt, sondern zudem noch auf den Verstand, der immer alles sabotieren muss. In diesem Fall sehen wir den Verstand noch nicht in seiner vollen Pracht. Er ist nämlich ein geniales Alarmsystem, welches aufpasst, dass du sehr genauen Frequenzen-Hausputz machst. Er will sichergehen, dass die Variante, in der du dich rundum wohlfühlst, dir auch mit Sicherheit erhalten bleibt. Und er erinnert dich in Form einer leisen oder manchmal auch – je nach Alarmstufe – lauten inneren Stimme vehement daran, dass hier und dort noch etwas im Argen liegt und verbessernder Intentionen bedarf.

Wenn also dein Verstand manchmal durch die Gegend brüllt, hör genau hin und mach dir deine Absichten noch einmal rundum klar! Beispielsweise bei der Entscheidung: »Ich möchte Italienisch essen gehen!« Dann kommt auf der Fahrt zum Italiener eine innere Stimme, die zweifelt: »Will ich überhaupt zu diesem Italiener und wird dort wohl wieder dieser muffelige Kellner sein?« Genau an diesem Punkt ist es deine Aufgabe, auf dein geniales Alarmsystem zu hören und eine Premiumintention im Voraus zu setzen. Lege fest, wie du es erleben möchtest. Das könnte dann in diesem Beispiel so aussehen: Du sagst dir im Auto noch in Gedanken: »Ich beabsichtige, dass wir einen ganz lieben

Kellner haben und ich mich mit meinem Schatz beim Essen total wohlfühle.«

Mach dir auch keinen Kopf, ob du nun plötzlich einen Haufen Arbeit hast. Dein Alarmsystem geht immer nur an, wenn es wirklich gebraucht wird, damit du deine Premiumvariante leben kannst. Je mehr Übung du darin hast, desto mehr wirst du merken, wie immer öfter anerkennende Stille einkehrt. Ein Hoch auf unseren Verstand!

Tag 5 hast du soeben erledigt, und ich bin sehr stolz auf dich! Und ich muss ehrlich sagen: Du bist ziemlich verrückt geworden! Nach diesen Intentionen hat sich nämlich wahrlich etwas ver-rückt. Die ersten Wirkungen dieses Programms werden sich sicherlich schon in einem geborgenen und beschwingten Grundgefühl zeigen. Du bist also auf dem richtigen Weg, selbst dann und ganz besonders dann, wenn du nicht der Norm entsprichst.

Tag 6: Den Stoff im Kleiderschrank nutzen, um weiterzukommen

Liebes, willkommen an Tag 6 in diesem Programm. Ich bin schon sehr gespannt, wie dir dieses Kapitel gefallen wird.

Es geht um deinen Kleiderschrank und die wundervollen Stoffe, welche sich darin befinden. Sie warten bereits darauf, dich tatkräftig unterstützen zu dürfen.

- Lass dich überraschen und setze die Intentionen am besten wieder mit einer Berührung des Gegenstandes, aktiviere sie daraufhin wie gewohnt mit der Magischen Handbewegung und bestärke das Ganze mit einem lauten »BÄM«. Viel Spaß dabei ...

Schuhe: »Ich spüre mit jedem Tragen meiner Schuhe den Stolz meines Vaters, meiner Mutter und meiner Ahnen auf angenehm erfüllende Weise. Meine Vorfahren lieben mich aufrichtig und denken liebevoll und gut über mich. Sie unterstützen mich kraftvoll auf meinem Lebensweg, auch wenn sie nicht ständig um mich sind. Ich erkläre mich hiermit bereit, diese

Variante mit jedem Schuhe-Tragen noch mehr in mein zuckersüßes Leben zu integrieren.«

Jacken: »Meine Jacken umhüllen mich mit einem magischen Selbstschutz. Ich fühle mich zu jeder Zeit wohl, so zu sein, wie ich bin, und erlaube mir zu erkennen, welch tiefgründiges, geniales Wesen ich bin. Meine Jacken tragen dazu bei, dass ich mich selbst besser verstehe und dadurch im nächsten Schritt noch leichter und selbstsicherer nach meinen persönlichen Bedürfnissen und Wünschen handle. Meine Wünsche sind absolut berechtigt, und das spiegelt mir mein Außen ebenfalls wider.«

T-Shirts: »Ich bin mit mir und meinem Körper vollkommen zufrieden. Ich erlaube mir durchdringend, dass mein Körper und Erscheinungsbild sich vollkommen meinen Herzenswünschen anpassen und ich grundsätzlich mit mir zufrieden bin. All meine T-Shirts unterstützen und festigen diese Variante für mich. Mit jedem Tragen wird mir noch mehr bewusst, wie schnell meine Welt auf meine Wünsche reagiert, weil sie es unglaublich gut mit mir meint.«

Socken: »Meine Socken helfen mir, auch mal über Dinge hinwegzusehen, selbst wenn sie zunächst den Anschein haben, dass ich unbedingt handeln muss. Ich liebe es, immer mehr zu spüren, dass ich ein ausgeglichener, gesunder Mensch bin, der eine Bereicherung für sich selbst und andere ist. Ich kann mir jederzeit selbst helfen und bin eine grandiose Hilfe für andere, sofern ich das möchte.«

Unterwäsche: »Überall, wo ich auf Menschen treffe, erkenne ich eine neue Facette der Bereicherung und darf diese voll und ganz auskosten. Interaktionen sind von Leichtigkeit und selbstverständlicher Rücksicht geprägt und fühlen sich für mich mit jedem Wechseln meiner Unterwäsche noch bereichernder an. Meine Gedanken dürfen mich bereichern.«

Schmuck: »Mein Schmuck führt mich auf süße Art und Weise zu Millionen Dankbarkeits-Wegen. Ich erhalte überall ein freundliches Dankeschön für mein Sein und bin plötzlich für unglaublich viele Dinge in meinem Leben zutiefst dankbar. Ich erkenne, dass mein Leben voll Dankbarkeit erfüllt sein darf und wie sehr mich diese nährt. Meine Dankbarkeit ist wie ein Magnet für all die wundervollen Dinge, welche momentan auf dem Weg zu mir sind – auch wenn ich sie noch nicht einmal erahnen kann.«

Hosen: »Meine Hosen erlauben mir, den Fokus auf das Gute zu richten. Ich brauche nicht offen für alle Varianten in diesem Leben zu sein. Es reicht völlig aus, wenn ich mich auf wundervolle Varianten beschränke und diese aus vollem Herzen auskoste. Ich fühle mich sicher damit, klar zu wählen. An jedem Tag, an dem ich wähle, eine Hose zu tragen, bin ich zugleich mutiger, das auszuwählen, was ich möchte. Ich erlaube mir, immer wieder von Neuem wählen zu dürfen, weil jeder Moment einzigartig ist und es verdient hat, mich reich zu erfüllen.«

Pullover: »Ich bin so dankbar, dass ich nun weiß, dass mein Wertgefühl nicht das ist, woran ich arbeite. Stattdessen erlaube ich mir jeden Tag mehr, dass meine Absichten sich erfüllen und ich dadurch mit jedem Tag ein angenehmerer und zufriedenerer Mensch werde.«

Taschen: »Ich liebe das Wort Erwartungen, denn meine eigenen und die der anderen werden in meinem Leben immer erfüllt. Ich erlaube mir durchdringend, dies voller Dankbarkeit zu erfahren und mich daran jeden Tag mehr zu erfreuen. Meine Taschen beschützen diese Premiumvariante, damit sie sich mit Sicherheit in meinem Leben verwirklicht.«

Nun ist auch all deine Kleidung mit wundervollen Intentionen belegt. Diese darf dich überall, wo du bist, dabei unterstützen, das zu erreichen, was du erreichen möchtest. Deine Kleidung ist dein Begleiter, auch für auswärts.

Exkurs zur Installation deines Mogelblattes

Dieses Blatt ist nur eine Option. Du kannst es jederzeit während des Programms, jetzt sofort oder nach dem Programm machen. Dann, wenn dir danach ist!

In diesem Kapitel kreieren wir einen sicheren Ort, an dem du langwierige Themen und Probleme deiner Welt einem Krafttier übergeben darfst. Für manche Dinge haben wir bewusst einfach noch keine Lösung gefunden, und ab und an darf man sich auch erlauben, eine Ausnahme in der Entwicklung zu machen und die Lösung eines Problems etwas Höherem zu übergeben.

Krafttiere sind energetische Helfer, die uns spirituell begleiten und stärken. Sie bestärken uns auf unserem Lebensweg und können uns in einigen Fragen tatkräftig unterstützen. Energetische Helfer kann man in allerlei Angelegenheiten um Unterstützung bitten. Auch die Anzahl der Helfer, welche man beauftragt, ist ganz dir selbst überlassen.

Dieses Blatt ist darauf ausgelegt, dass deinem Unterbewusstsein und Bewusstsein klar wird, dass unsere als wahr empfundene Realität samt den darin bestehenden

Problemen lediglich einem Schein unterliegt. Dein Gehirn nutzt zwar seine volle Kapazität, filtert dir jedoch die gewünschten Informationen heraus und liefert sie dem Bewusstsein. Lediglich vier Prozent von dem, was tatsächlich um dich herum geschieht, nimmst du bewusst wahr. Stell dir mal vor, wie viel dabei ausgeblendet sein könnte, das deine Meinung über eine bestimmte Beziehung grundsätzlich verändern würde.

Mit dem Aufschreiben von scheinbaren Ist-Zuständen auf diesem Blatt triffst du also die bewusste Entscheidung und erteilst deinem Gehirn den Auftrag, dir fortan ausschließlich dienliche Wahrnehmungen bezüglich deiner Selbst und deinen Beziehungen zu liefern.

Das Gute an diesem Mogelblatt ist, dass es nach dem Ausfüllen zunächst nichts zu dem Thema zu tun gibt! In diesem Buch geht es um Leichtigkeit und darum, die Magie der schnellen und spielerischen Veränderung kennenzulernen. Lass dich dabei aktiv von den energetischen Helfern, welche du nun installierst, unterstützen. »BÄM«.

- Frage dich zunächst, worin du dir gerne Hilfe bestellen möchtest.

- Wenn du jetzt in diesem Moment Muster umgehen und ein für alle Mal abgeben könntest, welche wären es?

Jeder von uns meint, bestimmte Muster und Verhaltensweisen zu haben, die nicht gerade hilfreich sind. Wie ist das bei dir? Hast du noch irgendwelche blockierenden oder dich behindernden Sichtweisen über dich, wenn es um Beziehungen geht? Wie lauten diese?

- Nimm dir bei dieser Extra-Aufgabe die Zeit, dir ein paar Minuten über hinderliche Glaubenssätze über dich Gedanken zu machen und diese daraufhin ein für alle Mal gehen zu lassen.

  Was an dir ist scheinbar negativ in Bezug auf Beziehungen im Allgemeinen?

  ____

  ____

  ____

  An welches Krafttier möchtest du diese Probleme übergeben, welches dich spielerisch darin unterstützen kann, dieses Thema ein für alle Mal zu lösen?

  ____

  ____

  ____

Was an dir ist scheinbar negativ in Bezug auf die Beziehung zu dir selbst?

An welches Krafttier möchtest du diese Probleme übergeben, welches dich spielerisch darin unterstützen kann, dieses Thema endgültig zu lösen?

Auf welche Probleme mit Partnern in Liebesbeziehungen stößt du scheinbar immer wieder?

An welches Krafttier möchtest du diese Probleme mit Partnern in Liebesbeziehungen übergeben, welches dich spielerisch darin unterstützen kann, dieses Thema ein für alle Mal zu lösen?

Auf welche Probleme stößt du mit Freunden scheinbar immer wieder?

An welches Krafttier möchtest du diese Probleme mit Freunden übergeben, welches dich spielerisch darin unterstützen kann, dieses Thema endgültig zu lösen?

Datum der Installation: ________________

Unterschrift: ________________________

Natürlich sind mit einer Übung wie dieser nicht mit einem Mal alle Probleme komplett weggewischt, sodass sie nie wieder auftauchen. Doch es geht darum, sich immer wieder und sehr durchdringend an diese Methoden der leichten Veränderung zu gewöhnen und ihnen ebenso einen kraftvollen Platz einzuräumen. Das ist wie zum ersten Mal Fahrradfahren. Zunächst fühlt es sich ungewohnt und neu an, doch irgendwann machst du richtige Radtouren.

Gewöhne dich also Schritt für Schritt durch dieses 8 x 8 Premiumintentionen-Programm an die Leichtigkeit in deinem Leben und ganz besonders auch daran, nicht immer alles selbst lösen zu müssen. Dieses Mogelblatt wird dich dabei tatkräftig unterstützen.

Tag 7:
Wenn der Frieden mit der Vergangenheit an die Tür klopft

Am letzten Tag dieses 8 x 8 Premiumintentionen-Programms behandeln wir ein heikles Thema: frühere Beziehungen und deren belastende Begebenheiten!

Lass jetzt los, was du noch aus früheren Partnerschaften mit dir trägst. Alles verändert sich stetig und ist nie gleich wie zuvor. Doch viel zu oft denken wir, dass diese und jene Situation uns genau an dieselben Gefühle bringt und dass da sehr wohl der andere schuld ist!

Da nützt meist all das spirituelle Wissen und Verantwortung tragen nichts, denn die nicht ausgelebte Wut über die früheren Ereignisse will immer noch wie ein Löwe die Gazelle zur Strecke bringen und gelebt werden. Ich verstehe dich, und genau deshalb lösen wir heute die Wut durch die folgenden Intentionen am Tag 7 aus deinem System, damit sie dich nicht mehr bedrückt! Keine Angst, wir machen das auf eine befriedigendere Art, als wenn es durch Rumschreien oder Opferverhalten geschieht. Du wirst dir die unbequemen Situationen nicht mal vor Augen halten. Die folgenden

Intentionen radieren die alte Wut einfach aus und überschreiben sie mit neuen, aktiv bereichernden Premiumfrequenzen.

- Bevor du die jeweiligen Premiumintentionen heute setzt, sprich in Gedanken oder laut den Namen einer Person aus, mit der du gefühlsmäßig noch nicht im Frieden bist. Wähle diese Person spontan, ohne vorher zu wissen, was in der Intention geschrieben steht. Durch das Aussprechen des Namens sagst du deiner Welt klar, wo es für dich noch etwas aufzuräumen gibt und worum sie sich im Hintergrund, ohne dein Zutun, kümmern darf.

Dies ist eine Übung, die sehr abstrakt ist, und dein Verstand kann die Zusammenhänge wahrscheinlich nicht ganz nachvollziehen. Genau das ist die Absicht hinter dem, was nun folgt. Es soll deinen Verstand so verwirren, dass er nicht in den Prozess der Verwirklichung reinpfuschen kann. Viel Freude beim Setzen der Premiumintentionen am letzten Tag dieses Programms.

- Liebe/Lieber ____________________ ,

  All die Unstimmigkeiten, welche zwischen uns noch nicht transformiert sind, dürfen nun durch folgende Premiumintention ersetzt werden und wirken besonders stark in meinem Resonanzfeld: Die Menschen, die mir wichtig sind, und ich sind gleichzeitig glücklich und können einander immer mehr das Glück gönnen. Ich bin im Frieden mit meinem Leben und weiß, dass meine Welt mir immer mehr als genug liefert. In den Fällen, in denen ich noch nicht hundertprozentig zufrieden bin, weiß ich, dass dieser dazu beiträgt, dass meine noch bessere, expandierte Premiumvariante bereits auf dem Weg zu mir ist.

- Liebe/Lieber ____________________ ,

  ich beabsichtige, vollkommen im Frieden mit dir zu sein und stattdessen folgende Premiumintention für uns beide intensiv wirken zu lassen: »Es fällt mir leicht zu sagen, dass ich glücklich bin, und ich fühle, wie mein Herz und mein gesamter Körper von diesem Glücksgefühl täglich erfüllt ist. Jedes Hinterfragen meines Glücks verstärkt das Erfülltsein.«

- Nun kommt deine Premium-Stempel-Intention, von der wir zu Beginn des Buches auf Seite 34 gesprochen haben. Du bist nun vollkommen bereit, ihr volles Potenzial zu nutzen. Setze diese Premiumintention genauso kraftvoll wie die anderen.

  Premium-Stempel-Intention: »Ich beabsichtige durchdringend, mit allen vergangenen Situationen Frieden zu machen, sodass deren Premiumvariante sich nun so richtig entfalten darf und mich mit Liebe, Wärme und wahrer Freude erfüllen darf. Ich werde immer wieder von früheren Begebenheiten und den daraus entstehenden wertvollen Erkenntnissen überrascht und kann diese spielerisch in mein Premiumvarianten-Leben integrieren.«

- Liebe/Lieber ________________ :

Um alle nicht mehr hilfreichen Frequenzen aus unserem System zu transformieren, beabsichtige ich durchdringend, dass die folgende Intention für unser beider Resonanzfeld besonders stark wirkt: »Mein Leben darf mich genau so erfüllen, wie ich es mir immer gewünscht habe. In diesem Moment beabsichtige ich, mich vollkommen auf diese meine Premiumvariante einzulassen und diese voll Freude zu verschlingen.«

- Liebe/Lieber ________________ :

Ich kappe nun alle negativen belastenden Verbindungen zwischen uns und erlaube mir, dass folgende Intention besonders stark wirkt: »Es ist meine Aufgabe, meine Größe zu leben, und ich lerne, mit der Energie bei mir zu sein und zu bleiben. Es ist mir ein Leichtes, diese wundervolle Erfüllung zu spüren, wenn ich berechtigterweise bei mir bin und von meiner Außenwelt dafür belohnt werde, weil diese fortan auch bei sich sein darf und dadurch ein so wundervoller, gemeinsamer Tanz aus Erfüllung entsteht.«

- Liebe/Lieber ________________ :

  In Liebe und Dankbarkeit lösen sich nun all unsere Verstrickungen, und ich freue mich immer wieder über die Wirkung der folgenden Premiumintention: »Ich erkenne meine Schönheit jeden Tag neu. Diese facettenreiche, wundervolle Bereicherung meines Körpers wird mir nun mit jedem Tag mehr bewusst. Ich fühle mich wie ein süßer, zarter, wunderschöner Pfau, der seine Schönheit nun mit einem grandiosen Gefühl in seinem vollen Maß zeigen und präsentieren darf.«

Du lügst? Gut gemacht!

Betrachte das Lügen mal für einen Moment als deinen Freund. Ehrlich! Probiere es einfach aus, denn es ist ganz schön schwer, ständig und überall ehrlich zu sein. Das würde unsere harmonische soziale Interaktion völlig über den Haufen werfen und viel mehr Chaos verursachen, als wir uns ausmalen können. Lügen sind dafür da, uns gegenseitig zu respektieren und diesen Respekt nach außen hin auch tatsächlich zu zeigen. Im Grunde sagt eine Lüge, egal welcher Art, Folgendes aus: »Ich achte und ehre deinen Standpunkt, denke jedoch anders darüber. Ich möchte dich aber nicht damit verletzen, dass ich trotz alledem nach meinem eigenen Gefühl und Wissen handle.«

Es ist wirklich nicht mehr als das. Natürlich gibt es viele unterschiedliche Schweregrade beim Lügen, und ich bin auch kein grundsätzlicher Befürworter davon, jedoch ist es sehr hilfreich, den Grund des Lügens besser zu verstehen. Im nächsten Schritt können wir daraufhin mit der Tatsache des Lügens in Beziehungen besser umgehen und dadurch nicht gleich an die Decke gehen.

Insgesamt hilft die Lüge, dort versteckt zu sich selbst zu stehen, wo wir es noch nicht offensichtlich tun können. Auf lange Sicht fühlt sich Lügen sowieso nie so gut an, als dass man es dauerhaft beibehalten möchte.

Sei dir also bewusst, dass das Ziel dahinter ist, zu dir zu stehen und authentisch sein zu können. Wir möchten in Frieden miteinander sein können, und durch diesen Blickwinkel kommen wir dem Ganzen schon einmal viel näher.

Passend dazu die nächste Premiumintention.

- Liebe/Lieber ________________ :

  »In Sicherheit und mit grandioser Leichtigkeit gelangen wir beide in absoluten Frieden miteinander und erleben dadurch eine erfülltere Realität. Ich beabsichtige, voller Freude und Zuspruch zu mir zu stehen und authentisch mein wahres Ich zu zeigen. Dadurch, dass ich mit jeder Sekunde mehr zu mir stehen kann, bin ich zufriedener und erhalte so viel positives Feedback, wie ich es zuvor gar nicht erwartet hatte. Ich genieße diese Art von Herzen und freue mich, so frei einfach ich selbst zu sein, mit allem, was dazugehört.«

Du hast soeben deine 63. Intention gesetzt. Nun fehlt nur noch eine einzige, um das 64-Tetraeder-Gitternetz in sich stabil zu machen und vollständig zu aktivieren. Ich möchte dir für deine Geduld mit dir selbst danken! Du hast bewiesen und du hast begriffen, dass über Wiederholung eine Veränderung stattfinden kann. Teilweise haben sich Intentionen wiederholt, doch selbst wenn du etwas bereits zu kennen meinst, bedeutet das nicht, dass du genau weißt, wie es geht, geschweige denn es bereits in deinem Leben vollständig integriert hast. Es braucht die Wiederholung, und es ist schön, dass du dir dessen bewusst bist!

Übrigens: Die Intentionen des siebten Tages aus dem 8 x 8 Premiumintentionen-Programm kannst du statt mit Expartnern auch mit Tieren machen. Hattest du als Kind einen Hund, Hamster, Katze, Maus, Pferd oder sonst ein Haustier? Geh dieses Kapitel gern ebenso mit deinen jetzigen Tieren und denen aus deiner Vergangenheit durch. Du wirst bemerken, wie viel Energie da noch auf Transformation wartet.

Der Zieleinlauf

Nachdem du dieses Kapitel und den Tag samt seinen Premiumintentionen überstanden und dich wacker geschlagen hast, muss ich dir leider von einer wichtigen Information berichten, welche ich in diesem Buch nicht auslassen darf:

Mir wurde in Peru, mitten im Dschungel bei einem Erlebnis mit einem Schamanen schmerzlich zuteil, dass ich nun endlich mehr Verantwortung für mein Leben übernehmen solle. Mir wurden immer wieder klare Hinweise von meiner Welt gegeben, wohin ich gehen solle, was gut für mich ist und was nicht. Meine klare Intuition hat mir immer wieder gesagt, wie ich am schnellsten und leichtesten zum Ziel gelange. Durch mein Misstrauen und die sture Einstellung, ich müsse alles allein regeln, bin ich dann ab und an falsch abgebogen und ertappte mich schlussendlich doch dabei, das zu tun, was mir meine Intuition bereits zu Beginn mit ihrer sanften, leisen Stimme geraten hat. Diese Stimme hast du auch.

So manche Zeitverzögerung bezüglich unserer Wunscherfüllung liegt genau solch einem sturen Köpflein zugrunde. Deshalb ein Appell an dich: Bitte hör auf, dich ständig schlecht zu machen! Rede liebevoller mit dir selbst und sei respektvoller und vor allem verständnisvoller im Umgang mit anderen! Lerne, ehrlicher mit dir selbst zu sein und daraufhin auch anderen zu sagen, was du momentan fühlst. Tu das auch dann, wenn es scheinbar albern klingt, was dir auf dem Herzen liegt oder dich bedrückt. Du wirst überrascht sein, wie positiv dein Umfeld reagiert. Vom Verschließen und Themen-von-uns-Weisen haben wir mehr als genug auf dieser Welt. Deshalb: Übernimm von nun an täglich mehr Verantwortung für das, was du tust. Übernimm Verantwortung für jede einzelne Sache, die du erlebst! Aber mache dich dafür nicht schlecht, sondern ändere als Schöpfer jenes, das dir missfällt.

Das benötigt selbstverständlich etwas Übung. Die alte Gewohnheit, Verantwortung abzugeben und die Schuld bewusst wie unbewusst immer wieder anderen zuzuweisen, ist nun mal nicht sofort abgelegt. Auch ich bin davon nicht befreit, und deshalb habe ich damals eine harte Lektion erteilt bekommen.

Doch was zählt, ist der Fokus und der Wille, immer und immer wieder zu wählen, was du von Herzen gern erleben möchtest – unabhängig von der Situation, welche sich gerade im Außen zeigt. Authentisch sein bedeutet in diesem Fall, auch mal zu sagen: »Verdammt, meine Entwicklung sagt mir, es läge an mir, aber ich würde so gern mal wieder dorthin zurück, wo ich es einfach auf andere schieben kann.« Dies ist ein wichtiger Schritt der Emotionsskala und deines Wachstums, welcher geachtet werden möchte. Verlange nicht von dir, das alles von heute auf morgen zu können, doch lass den alten Schweinehund deine Schöpferkraft nicht zu sehr einschränken. Nur wer Verantwortung übernimmt, kann bewusster Schöpfer seiner Realität sein.

PS: Ich hoffe, du siehst mir die harten Worte nach. Ich weiß, dass dies für den einen oder anderen etwas zu weit gehen könnte, und das verstehe ich auch. Wer möchte sich schon gern von einem Buch anpflaumen lassen?

Ich weiß nur, wie sehr mir das in meinen Beziehungen geholfen hat, wenn das Gegenüber klare Worte artikulierte. Und mir hat diese Art Abreibung zur rechten Zeit einen klaren Blick verschafft. Ich freue mich, wenn diese Zeilen das für dich auch tun dürfen.

Nach dem 7-Tage-Programm

Zuletzt hast du deine 63. Premiumintention für deine Beziehungen gesetzt. Ich bin schon sehr gespannt, welche Erfolge du in der nächsten Zeit erleben wirst.

Du hast es schon fast geschafft, und ich bin sehr glücklich, dass du die acht Minuten am Tag für deine persönliche Premiumentwicklung investiert hast. Weniger ist einfach nicht genug! Deine Welt wird dich vielfach dafür belohnen! Sei also liebevoll und geh sorgsam mit dir um, bis sich die ersten Ergebnisse zeigen. Ehre deinen Weg und gib dir die Zeit, dass sich all dies zu deinem Besten entwickeln darf. Du wirst genau wissen, wann es an der Zeit ist, erneut einen Spurt hinzulegen und deine Entwicklung anzutreiben.

Mach dir bewusst, dass all das natürlich ist, was dich umgibt, unabhängig davon, ob du es gut findest oder nicht. Es ist Zeit, die Dinge um uns herum, welche uns nicht gefallen, mit einer Leichtigkeit auszuklammern. Dein Fokus sollte nun darauf liegen, was du erleben möchtest, denn das Positive wie das Negative wird immer zeitgleich vorhanden sein. Du wirst immer etwas zu motzen finden, auch wenn alles gut erscheint. Ebenso wird sich in allem Schlechten auch eine gute Sache finden lassen. Ausgrenzen können wir nicht. Wir können lediglich beabsichtigen, was wir wollen, und das, was wir nicht möchten, zu dem umformulieren, was wir stattdessen gerne erleben möchten. Somit versteht das Universum unsere Sprache. Deshalb entscheide dich hiermit, nach diesem 7-Tage-Programm drei Kreuze im Kalender zu machen und zu erkennen, dass ein klar ausgerichteter Fokus dein neues Schlüsselwort ist.

Die heilige Geometrie birgt ungeahntes Potenzial

Die heilige Geometrie hatte bereits zu allen Zeiten einen festen Platz. In allerlei Bereichen machen sich Menschen dieses Wissen um die Stabilität und Energiefluss fördernden Symbole zunutze. Das im Hebräischen verwendete Wort für Gott »Jahwe« heißt Tetragramm. Nassim Haramein, einer der Quantenphysiker unserer Zeit, der sich dadurch auszeichnet, weit über den Tellerrand hinaus zu schauen, konnte dadurch die universelle göttliche Struktur ableiten. Diese ist ein Energie-/Frequenz-Muster, das immer wieder in unserem Universum auftaucht. Selbst in unseren Stammzellen und vielfältig in der Natur ist es zu finden.

Die Blume des Lebens, der Baum des Lebens und andere zahlreiche geometrische heilige Symbole, welche in der Geschichte immer wieder auftauchen, sind schlussendlich alle ein kleiner Auszug des 64-Tetraeder-Gitternetzes und weisen insgeheim darauf hin. Gott ist der Grundbaustein des 64-Tetraeder-Gitternetzes. Ein perfekt stabiler, supraleitfähiger und suprafluider Trägerstoff mit unendlichem Energiepotenzial, welcher mit jedem Punkt im Universum verbunden ist.

Die 64 Premiumintentionen und besprochenen Gegenstände in deinem Zuhause gliedern sich nun in die Anordnung dieses heiligen 64-Tetraeder-Gitternetzes, wodurch ein ungeahntes Potenzial für jeden freigesetzt wird, der dieses Programm vollständig absolviert. Es ist ein in sich stabiles Konstrukt, welches deine Schöpferkraft stetig nähren darf.

Aktivierung des 64-Tetraeder-Gitternetzes

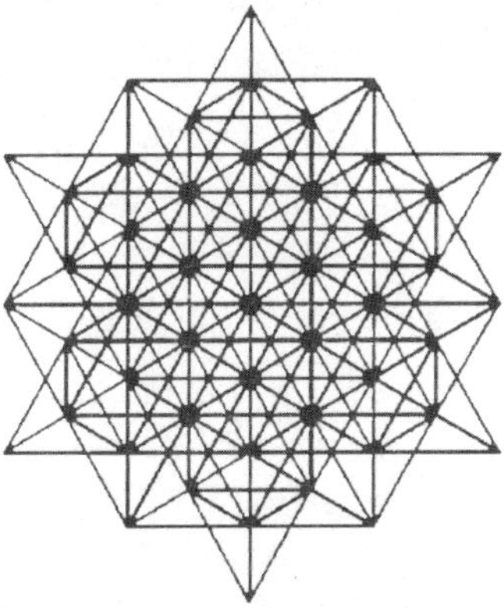

Die letzte Intention dieses 7-Tage-Programms vervollständigt deine Arbeit und macht sie in sich stabil. All unsere Aufwände wollen stabil sein, damit wir auch einen langanhaltenden Nutzen davon haben. Hierfür ist die Struktur des 64-Tetraeder-Gitternetzes optimal geeignet. Sie hat dich bereits von Anfang an begleitet: beim Kauf des Buches auf dem Cover, bei jedem Beginn eines neuen Kapitels und während des Lesens.

Wenn du dieses kraftvolle Symbol täglich mit dir tragen und auf dich wirken lassen möchtest, kannst du es dir auf *www.jaycjayarts.com* kostenfrei als Hintergrundbild für dein Handy herunterladen. Die heilige Geometrie wirkt immens erhellend und stabilisierend auf unser Gemüt. Somit schwingst du dich nebenher auf die Frequenzen von Leichtigkeit und Unterstütztwerden ein.

- Nun bist du energetisch auf dieses immense Energiepotenzial vorbereitet und kannst die 64. Premiumintention zur vollständigen Aktivierung setzen.

  Potenzial-Aktivierung: »Durch das Setzen dieser 64. Intention formiere ich all meine gesetzten Premiumintentionen in die Anordnung der geometrischen Figur des 64-Tetraeder-Gitternetzes, der göttlichen Struktur des Universums, aus der alles Leben entsteht und welche sich vollkommen selbst nährt. Die Kraft des Universums unterstützt meine Intentionen. Meine Intentionen unterstützen kraftvoll das Universum.« Denke auch hier wieder an die Magische Handbewegung und füge dem am besten noch ein kraftvolles »BÄM« hinzu.

Mit Elan in deine Premiumvariante!

Der größte Fehler beim »Vergiss, wie es zu dir kommt« ist der, dass viele durch die Aussage meinen, nichts tun zu müssen, und sich auch keine Gedanken über das »Wie« machen zu dürfen. Ganz im Gegenteil geht es darum, dem Fluss zu folgen und zu sein. Es geht darum, sich den Frequenzen und somit dem Weg vertrauensvoll hinzugeben. Da kann es passieren, dass es sich sehr lohnt, sich zum richtigen Zeitpunkt über die Möglichkeiten der Realisierung des Ziels und dessen Weg Gedanken zu machen. Das Wichtigste dabei ist, dass du deiner Intuition und deinem Gefühl folgst! Nun entlasse ich dich voller Stolz in deine Premiumvariante. Es gibt nun nichts mehr nachzudenken, vielmehr zu empfangen, was zu tun oder zu lassen ist.

Und deshalb erinnere ich dich noch mal daran, Geduld mit dir zu haben, denn die Veränderungen sind im Anmarsch und denk daran: Erlaube dir, dass dieses Programm besonders viel bewirken darf.

Darüber hinaus habe ich aber natürlich an alles gedacht und dir ein paar Tipps für die Tage nach dem Programm zusammengestellt. Sie dienen als Denkanstöße, um deinen zielorientierten Blick immer wieder erneut zu schärfen und dabei ganz viel Spaß zu empfinden.

Tipp 1

Setz dir einen Abgleichtermin für die Neuausrichtung

Stetig und überall verändern sich die Dinge, und du bist mittendrin. Zugleich bleiben manche Angewohnheiten für immer, außer man löscht sie wirklich mit Disziplin und viel Arbeit immer wieder aus dem eigenen Glaubenssystem. So ist es beispielsweise beim Thema Probleme. Wir vergessen viele negative Erfahrungen aus unserer Vergangenheit und sind uns dabei manchmal gar nicht bewusst, dass ein direktes Setzen einer Intention hin zu der positiven Veränderung besonders viel hätte bewirken dürfen. Nach diesem Programm wird sich für dich nun auch viel verändern, und die Erinnerungen an die zuvor existierenden schlechten Dinge werden verschwimmen. Deshalb ist es immer wieder hilfreich, sich bewusst zu machen, wie viel man für die Veränderung geleistet hat, und wo man vor ein paar Jahren noch stand. Es ist ein sogenannter Vergleich mit sich selbst, um festzustellen, dass man ständig in Bewegung ist, meist sogar in eine gute Richtung.

- Deshalb bekommst du von mir nun die Aufgabe, deinen Kalender herauszuholen und einen Abgleichtermin für dieses 8 x 8 Premiumintentionen-Programm einzutragen. Dieser ist optimalerweise in circa drei Monaten datiert. An diesem besagten Tag holst du dieses Büchlein hervor und liest dir deine damalige Ist-Analyse und Wahl des neuen Ist-Zustandes durch.

Dabei wirst du bemerken, was sich verändern durfte und was deine momentanen, eventuell sogar neuen Wünsche sind.

- Wiederhole nun das ganze 7-Tage-Programm erneut samt der Ist-Analyse und dem neuen Ist-Zustand, um noch mal einen großen Sprung zu machen. So kannst du dieses Büchlein alle drei Monate immer wieder für dein spirituelles Wachstum mit Leichtigkeit verwenden und wirst das Ausmaß der Wirkung der Premiumintentionen mit jedem Mal noch intensiver erleben. Am besten nimmst du dir wirklich jetzt sofort die Zeit, um geschwind einen Abgleichtermin zu machen. Dann vergisst du es nicht.

Tipp 2

Nutze Absichtskärtchen, um spezifische Ziele zu erreichen

Als ich die Absichtskärtchen das erste Mal in Auftrag gab, habe ich sie schlicht und ergreifend vollkommen unterschätzt. Ich wusste, dass die Quantengemälde, welche mir mit 17 Jahren als Seelenaufgabe in einem Channeling beauftragt wurden, eine besondere Wirkung auf uns haben und Frequenzen beinhalten, welche wie ein Tor zu einer neuen erfüllenderen Welt sein sollten. Doch was das genau bedeuten würde, fand ich erst heraus, als ich begann, die Absichtskärtchen selbst mit Premiumintentionen zu beschriften. Diese kleinen

Kärtchen in der Größe einer Kreditkarte sind für unsere Ziele und Absichten da und helfen dir, das Energiepotenzial, welches für die Realisierung nötig ist, stetig aufrechtzuerhalten.

- Wenn du dich bezüglich deiner Ziele zusätzlich unterstützen lassen möchtest, solltest du die genialen Absichtskärtchen als Helfer nutzen! Auf die Rückseite der Absichtskärtchen schreibst du deine Wünsche und Ziele in Form einer klar formulierten Intention. Die Vorderseite der Absichtskärtchen ist mit einem Energiebild (Quantengemälde) versehen und nährt deine Intention stetig mit Energie. Das Energiekärtchen arbeitet dann mit der beschriebenen Intention für dich und stimmt dich im Alltag auf deine Zielfrequenz ein. Eine tolle Gelegenheit, um mit Leichtigkeit zum Ziel zu gelangen.

Tipp 3

Formuliere und setze immer mehr Intentionen

Viele Menschen wissen viel, doch anwenden tun sie es trotzdem nicht. Deshalb nützen viele Ausbildungen nichts, wenn sie uns nicht beibringen das Gelernte einzusetzen. Es mangelt uns nicht an Wissen und dem Zugang dazu. Wir sind bereits überflutet von Informationen. Jetzt gilt es, die richtigen Informationen für dich herauszufiltern und tatsächlich täglich anzuwenden.

Denn nur was wir täglich tun, meistern wir. So wirst du Meister deines Fachs und hast stetig Erfolge darin.

- Deshalb rate ich dir bei allem, was dir auffällt, das du verändern möchtest, immer direkt eine Intention zu setzen und dich somit fokussiert darauf auszurichten, was du möchtest. Wenn du dies immer wieder tust, wirst du schnell bemerken, wie das ganze Konstrukt des Wählens und Realitätsteuerns immer mehr zum Selbstläufer wird. Du ziehst noch leichter und schneller wie von allein das an, was du gern erleben möchtest. Wenn du im Auto sitzt und an den Urlaub dieses Jahr denkst, kannst du direkt eine Intention setzen. Beabsichtige, dass dein Urlaub wunderbar wird und du am genau richtigen Ort sein wirst und dich unglaublich gut erholst. Aktiviere diese Intention mit der Magischen Handbewegung. Oder vor dem Essen kannst du wählen, dass dieses dir besonders gut schmeckt und wohl bekommt. Alles kann bewusst gewählt werden. Zunächst ist es ein Aufwand, sich daran immer wieder zu erinnern. Doch der Spaß, den du dabei haben wirst, und die grandiosen Ergebnisse, die bereits auf dich warten, sind kein Vergleich zu dem minimalen Einsatz, den du dafür einbringen musst.

- Um deine Intentionen noch kraftvoller zu machen, kannst du zusätzlich das Buch *Intentionen Boostern* zurate ziehen. Es veranschaulicht die Arbeit mit Intentionen auf eine ganz tolle, verständliche Art und Weise.

Special: Dankbarkeit für dich, dein Leben und deine Beziehungen

Wertschätzung, Dankbarkeit und Anerkennung sind solch kraftvolle Gefühle. Sie sind wahrhaft ein Magnet für wundervolle Dinge. Auf der Emotionsskala ist dies die höchste Ebene des Kreierens. Mit dem Gefühl der Dankbarkeit ziehst du Freude, Erkenntnisse, Freiheit und Liebe unfassbar schnell in dein Leben. Deshalb lohnt es sich, wenn du dir auf den nächsten Seiten die Zeit nimmst, deine bisherige Arbeit, dein Leben und all die wundervollen Begebenheiten und Menschen darin zu würdigen. Selbstverständlich solltest du dir die Zeit dafür nur nehmen, wenn du auch tatsächlich Lust darauf hast!

All die Zustatzinformationen, die neben den 64 Premiumintentionen en masse in diesem Buch verpackt sind, sind nach wie vor eine Option, die ganz nach deinem Belieben in Anspruch genommen werden kann oder einfach mit gutem Gewissen weggelassen wird. Du darfst von ihnen überwältigt sein, doch lasse dich nicht überfordern. Alles hat seinen Premiumzeitpunkt. Wenn dieser jetzt ist, ist das umso besser. Wenn nicht, gibst du dir einfach die Zeit, die du brauchst. Es ist Zeit, dir selbst und deinen Entscheidungen vollkommen zu vertrauen und zurück zu deiner Intuition und deren wundervoller Stimme zu gelangen.

Wie du dir selbst mehr Dankbarkeit entgegenbringst

Da ist eine Stimme in unserem Kopf, die oft kritisiert und aus irgendeinem Grund immer wieder das Schlechte findet. Schon in der Schule lernt man, immer nach den Fehlern zu suchen und sich auf diese zu konzentrieren. Das hat zwar auch einen Lerneffekt, doch dieser ist nichts im Vergleich zu dem, wenn man das Gute hervorhebt und diese Energie nutzt, um gute Frequenzen in alle Richtungen zu verbreiten.

- Fangen wir mit dir an und schätzen in diesem Teil des Buches wert, was an dir bereits wundervoll ist. Fülle hierzu einfach aus, was dir zu den folgenden Fragen einfällt:

  Was an dir ist schön, bemerkenswert und außergewöhnlich?

  ____

  ____

  Was machst du im Umgang mit anderen Menschen gut?

  ____

  ____

Wofür schätzen dich andere Menschen in deinem Umfeld sehr?

____

____

Welche Arbeit verrichtest du täglich, für die du dir danken darfst?

____

____

Ich danke mir dafür, dass

____

____

Es ist unglaublich wirksam, dies unbedingt in deinem Alltag immer mehr zu integrieren und überall dort, wo du etwas gut gemacht und dir Mühe mit etwas gegeben hast, dir selbst dafür zu danken. Auch das kannst du mit der Magischen Handbewegung verstärken.

Wie du mehr Dankbarkeit in dein Leben bringst

Nicht nur bei uns selbst übersehen wir viele wundervolle Begebenheiten und die geleistete Arbeit. Auch all die Kleinigkeiten, welche leicht und zufriedenstellend sind, verlaufen oft im Sand. Wo gibt es in deinem Leben positive Geschehnisse, für welche du noch nicht gedankt hast? Welche Dinge liefen in der letzten Zeit bedenkenlos? Wo hat sich etwas wirklich zu deinem Besten gelöst, obwohl es hätte ganz anders laufen können?

Nun ist es Zeit, auch hier das gesamte wundervolle Energiepotenzial freizusetzen und zu danken. In den folgenden Zeilen gibt es Platz für deine Dankbarkeit in deinem Leben, welches es wirklich von Herzen nur gut mit dir meint. Sieh hin!

- Als Hilfestellung hier ein paar passende Fragen, die du dir zur Beantwortung stellen kannst:

Wo gibt es in deinem Leben positive Geschehnisse, für welche du noch nicht gedankt hast?

Ich bin sehr dankbar dafür, dass

___

___

Welche Dinge liefen in der letzten Zeit reibungslos?

Ich bin sehr dankbar dafür, dass

____

____

Wo hat sich etwas wirklich zu deinem Besten gelöst, obwohl es ganz anders hätte laufen können?

Ich bin sehr dankbar dafür, dass

____

____

Wie du mehr Dankbarkeit in deine Beziehungen bringst

Die folgende Übung wird mehr Dankbarkeit in deine Absichten zaubern und diese so auf schnelle Art in einer frequentiell hohen Qualität in dein Leben bringen.

- Mach dir auf einem leeren Blatt Papier eine Liste mit drei Spalten: Eine Spalte ist für den momentanen Stand in deinen Beziehungen, eine für deine Wünsche und die dritte bietet Platz für die neue Wahl, für deine Intentionen.

- Notiere dir kreuz und quer in der ersten Spalte, was dein momentaner Stand in der Beziehung zu deinem Premiumpartner (wähle den derzeitigen Partner oder den letzten, falls du momentan keinen hast). Schreibe auf, was dir in Bezug auf folgende Punkte einfällt: Gefühle, Aktion/Handlung, Gedanken, Reaktionen, Wünsche und Mangel.

- Wenn du das gemacht hast, schreibst du in der nächsten Spalte auf, was du gerne stattdessen hättest und formuliere eine Spalte weiter dazu jeweils eine Intention in der Gegenwartsform. Diese verbindest du mit dem Gefühl der Dankbarkeit und dankst im Voraus für die Realisierung des Wunsches. Du beginnst deine Intention jedes Mal mit: »Ich bin so dankbar, dass ...«

Das kann zum Beispiel so aussehen:

In Spalte eins könnte stehen: *»Ich fühle mich oft unwichtig und nicht gesehen.«* Dies wird in der zweiten Spalte zu: *»Ich will mich wichtig fühlen und dass mein Premiumpartner und meine Welt mir zeigt, dass ich wichtig bin.«* Und in der dritten Spalte formulierst du daraufhin die Intention: *»Ich bin so dankbar, dass ich mich wichtig fühle und sehe das auch jederzeit!«* Nachdem du das mit allen Punkten gemacht hast, schneide den Teil mit den ersten zwei Spalten ab und verbrenne ihn. Lege den anderen, neuen Intentionsteil mit Datum versehen an einen besonderen Platz.

- Diese Übung kannst du auch auf alle anderen Bereiche übertragen. Doch zunächst lohnt es sich auf jeden Fall, es zu allerlei Beziehungen, die du aufbessern möchtest, zu machen, weil diese unsere Grundstimmung im Leben so immens beeinflussen. Ich wünsche dir ganz viel Freude damit!

Ich bin so dankbar, dass diese Premiumintentionen auf magische Weise den Weg zu dir gefunden haben und sich deren Energie jetzt auch für dich entfalten darf. Und ich beabsichtige, dass du deine Größe jeden Tag mehr siehst. Denn auch dieses Buch hier hast du dir auf grandiose Weise kreiert, mit mir, Jayc, als Erfüllungsgehilfin. Das ist mal eine hohe Stufe an Leichtigkeit!

Schon bald wirst du eine noch größere Ernte für deine Mühe einfahren dürfen und sie in vollen Zügen genießen. Wie immer freue ich mich da sehr über dein persönliches Feedback. Berichte mir, wie es dir während und nach dem 7-Tage-Programm ergangen ist. Besonders möchte ich auch wissen, wie sich die Wirkung bei dir gezeigt hat. Da gibt es immer wieder individuell neue verblüffende Ergebnisse. Jede Nachricht per Mail und jedes Feedback erwärmt mein Herz. Ich bin immer dankbar dafür, an den Erfahrungen mit diesem Buch teilhaben zu dürfen.

Fragen über Fragen

Wie oft kann ich dieses Programm wiederholen, und steigert eine Wiederholung die Wirkung?

Folge grundsätzlich deiner Intuition und sei dir aber gewiss, dass ständiges Wiederholen die Wirkung nicht verstärkt, sondern sogar schmälern kann. Zu viel Wiederholungen sind ein Zeichen von mangelndem Vertrauen. Im Leben wie auch bei diesem Programm geht es nicht um das Maximum, sondern das Optimum. Wenn du aber das Gefühl verspürst, die Intentionen noch einmal zu verstärken oder gar neu zu setzen, folge diesem voller Vertrauen. Grundsätzlich würde ich das Programm alle drei Monate wiederholen, um somit eine noch intensivere Wirkung zu erzielen.

Ist es schlimm, wenn man einen der 64 Schritte des 8 x 8 Programms auslässt?

Wenn du einen Schritt in diesem Programm auslassen musstest oder nicht ausgeführt hast, wiederhole diesen einfach dann, wenn du Zeit hast. Da die Intentionen und Tage aufeinander aufbauen und sich gegenseitig in der richtigen Reihenfolge optimal unterstützen, ist es hilfreich, immer einen Tag nach dem anderen – beginnend von 1 bis 7 – zu absolvieren. Wenn du zum Beispiel an Tag 4 für die Intentionen keine Zeit hattest, setzt du bei der nächsten Gelegenheit zunächst die Intentionen für Tag 4, bevor du einen Tag später mit Tag 5 weitermachst.

Diese 8 x 8 Premiumintentionen möchte ich auch gern für meinen Sohn, welcher nicht mehr bei mir lebt, durchführen. Kann ich für ihn die 8 x 8 Premiumintentionen ausführen, und haben sie dann auch Wirkung für ihn? Und muss ich dann beim Setzen der Intentionen auch in der Ich-Form reden? Muss ich in dem Haus oder der Wohnung des Menschen sein oder geht es auch über die Entfernung?

Liebes, wenn du Intentionen für jemanden setzen möchtest, der weiter weg wohnt, ist es wie folgt am besten: Bevor du die Intentionen setzt, legst du laut oder nur in deinem Kopf fest, dass diese Intentionen für deinen Sohn wirken sollen und sagst beispielsweise: »Diese Intentionen wirken für meinen Sohn und bereichern ihn auf wunderbare, ausschließlich angenehme und hilfreiche Art und Weise.« Wenn du dies gemacht hast, kannst du die Intentionen, eine nach der anderen, jeden Tag setzen, ohne jedoch die Gegenstände zu berühren, weil du ja nicht vor Ort bist. Wenn du eine Vorstellung von den Gegenständen hast, ist das wunderbar, dies ist jedoch kein Muss. In einem Fall wie diesem sieht deine Welt und seine Welt dir so einiges nach. Denn der gute Wille, der aus dieser Tat spricht, ist einfach wundervoll, und da die Intentionen allesamt ausschließlich positiv formuliert sind, ist es auch kein Eingriff in seine Privatsphäre. Merke dir nur: Wenn er von Erfolgen spricht, solltest du ihm nicht unter die Nase reiben, dass er sie dir zu verdanken hat. Das ist eher unproduktiv. Er darf natürlich trotzdem wissen, was du getan hast, doch eben mit einem liebevollen, dankbaren Lächeln statt einem selbstsichern Hab-ich-es-doch-gewusst-Lächeln.

Was ist das Energetic Upgrade?

Das Energetic Upgrade ist eine Methode, die von Marc Kettenbach und Colette Marie Stefan gegründet wurde. Es umfasst energetische Konzepte, die es dem Anwender ermöglichen, auf schnelle Art und Weise energetische Schwächen zu korrigieren und in Ausgleich zu bringen. Dadurch dürfen sich die korrigierten Umstände unmittelbar im Außen verändern. Da ich ein Freund von Dingen bin, die schnell zu einer wirklich passenden Lösung verhelfen, arbeite ich bereits seit Jahren mit dieser wirklich erfolgversprechenden Methode. Selbst dieses Buch wurde energetisch korrigiert und auf dich ausgerichtet, sodass du dessen Informationen spielerisch leicht und mit Freude aufnehmen kannst.

Was ist eine Ante-Intention?

Eine Ante-Intention ist eine in die Zukunft gerichtete Intention, welche das Ergebnis in der Zukunft im Voraus wirksamer macht. Sie ist also eine klar ausgedrückte Absicht, die wir für ein kommendes Ereignis haben. Im Intentionen Boostern nutzt man Ante-Intentionen, um bereits im Voraus die Wirkung des Boosterprozesses um ein Vielfaches zu verstärken.

Wirkt das 8 x 8 Premiumintentionen 7-Tage-Programm bei jedem?

Dieses Büchlein ist darauf ausgelegt, Leser jeder Art in ihren Bann zu ziehen. Ich kann immer nur das bewirken, was dein Unbewusstes und Unterbewusstsein zulässt. Dafür habe ich viele Werkzeuge verwendet. So schleicht sich die Leichtigkeit dieses Werkes ab und an von hinten an und kuschelt sich an deinen Rücken. Jedoch ist für die Veränderung immer eine gewisse Bereitschaft vonnöten. Nichtsdestotrotz wird dieses Buch auf jeden Fall etwas bewirken. Bei dem einen mehr, bei dem anderen weniger. Oftmals ist es für manche Personen auch schwierig wahrzunehmen, wenn sich etwas in ihrem Leben verändert. In diesem Fall kann es helfen, sich seiner Erlebnisse immer mehr bewusst zu sein und bewusster im Jetzt zu leben. Klebe dir hierfür beispielsweise kleine Zettel an Lichtschalter und die Spiegel mit dem Hinweis »Jetzt?!«. Jedes Mal, wenn du den Zettel siehst, fragst du dich: » Bin ich in dem Moment und bei dem, was ich gerade tue, präsent oder schon in der Zukunft bei einem anderen Ereignis?« Mit der Zeit bemerkst du, wie mehr Raum für dein momentanes Empfinden geschaffen wird und auch die Hetze gehen darf. Eine einfache Hilfe mit großer Wirkung.

Was soll ich tun, wenn ich einen Gegenstand aus dem Programm nicht habe?

Ich habe mir beim Erstellen des Programms Mühe gegeben, nur Gegenstände auszuwählen, welche eigentlich jeder in seinem Zuhause hat. Falls jedoch ein Gegenstand nicht bei dir zu Hause sein sollte, wähle stattdessen einen anderen aus, um ihn mit der entsprechenden Premiumintention energetisch aufzuladen. Dann hast du auf jeden Fall dafür gesorgt, dass das 64-Tetraeder-Gitternetz aus Intentionen in sich stabil bleibt.

Jayc, im Buch sprichst du oft von »deiner Welt«. Was meinst du damit?

Deine Welt ist das große weite Universum, welches nur für dich da sein möchte und dich glücklich sehen will! Wir sind alle miteinander verbunden, und dieses Leben sowie viele andere, die alle zeitgleich existieren, sind zur Expansion des Universums da. Ohne Expansion gibt es kein Leben! Der Stillstand ist der Tod eines jeden Lebewesen. Aus diesem Grund ist es so hilfreich, sich der Expansion, sprich der stetigen Veränderung, vollkommen hinzugeben. Das bedeutet jedoch nicht, wie ein Blatt im Wind zu sein. Vielmehr bedeutet es zu wählen, was du gern haben möchtest, und dich durch den liebevollen, warmen Sommerwind dort hinführen zu lassen. Deine Welt ist also deine Wahrnehmung des Ganzen plus all die grandiosen Möglichkeiten (Varianten), die sonst noch parallel existieren. Du kannst deiner Welt, dem Universum, Aufträge geben, so wie du es gerade mittels der Premiumintentionen in diesem 7-Tage-Programm gemacht hast. Deine Welt unterstützt dich genau aus dem Grund so gern, weil du somit zur stetigen Expansion beiträgst. Probiere es aus und beginne, mit deiner Welt zu kommunizieren und ihr noch bewusster Aufgaben zu erteilen. Du wirst erstaunt sein, welch liebevolle Energie deinen Rücken hochkrabbeln wird, sobald du dir diese magischen Kräfte zunutze machst.

Wozu kann ich die Magische Handbewegung noch verwenden?

Dadurch, dass du bereits 64 Premiumintentionen gesetzt hast, hat sich die Magische Handbewegung neuronal mit dem automatischen Verstärken von Energie in deinem Gehirn verbunden. Somit verstärkst du immer mithilfe der Magischen Handbewegung das, worauf du gerade deine Aufmerksamkeit richtest. Zum Beispiel kannst du vor dem Essen deinen Dank mit dieser Handbewegung intensivieren oder wenn du dich freust diese Freude intensivieren. Wenn du etwas Schönes in deinem Leben siehst, kannst du die Magische Handbewegung ebenfalls benutzen, um immer mehr davon in dein Leben zu magnetisieren. Fakt ist, je öfter du dies machst, desto stärker wirkt es. Auf *www.8x8premiumintentionen.de/magische-handbewegung* findest du ein Bonus-Programm, mit dem du noch mehr Anwendungen für dieses Werkzeug findest.

Ist es normal, wenn ich meine Intentionen für den Tag setze, dass ich sie eigentlich sofort komplett vergesse? Ich merke mir quasi nur, welche Gegenstände ich mit einer Intention verbunden habe, aber überhaupt nicht, welchen Inhalt diese Intention hatte.

Liebes, genau so ist es richtig. Manche können sich auch die Verbindung von der Intention zu dem Gegenstand nicht merken. Das ist auch nicht nötig. Die Intentionen wirken, auch wenn du nicht weißt, wie sie lauten. Somit musst du dich auf die Inhalte der Intentionen weder beim Lesen noch später krampfhaft konzentrieren.

Liebes, irgendwo schreibst du, dass man so boostern soll, als wäre alles schon eingetroffen. Wenn ich jedoch etwas beabsichtige, dann liegt das in der Zukunft und nicht in der Gegenwart. Sehe ich das verkehrt oder habe ich etwas falsch verstanden? Funktioniert der Booster dann trotzdem?

Das ist eine super Frage, welche das Rätsel um den Unterschied von Intentionen und Affirmationen löst. Du beabsichtigst Intentionen im Gegensatz zu Affirmationen immer so, als sei es eingetroffen, um genau diese Frequenz zu aktivieren. Formuliere daher immer in der Gegenwart, damit du jene Frequenz beboosterst, welche du gern haben möchtest.

Auf deiner Webseite www.8x8premiumintentionen.de/magische-handbewegung, *wo du die Magische Handbewegung zeigst, sagst du, dass man die Hand vor das Herzchakra legen soll, aber in deinem Buch sprichst du vom Solarplexus. Ist das ein eingeschlichener Fehler oder hat es eine Bedeutung?*

Du hast völlig recht, ich habe es zwei Mal leicht unterschiedlich gezeigt. Und das hat in der Tat einen Sinn, denn es geht darum, dass du voller Leichtigkeit die Dinge in dein Leben manifestierst. Daher ist es wichtig, dir nicht zu sehr einen Kopf darüber zu machen. Ich schätze es sehr, dass du alles richtig machen möchtest, und das wird auch belohnt. Deine Welt kümmert sich um dich, und es geht bei der Magischen Handbewegung eher um die Handstellung und deine Mittellinie. Ob die Hand drei Zentimeter weiter oben oder unten ist, spielt dabei weniger eine Rolle. Die Magische Handbewegung wird eher intuitiv an deine Tagesfassung angepasst.

Ich habe eine Frage bezüglich der Handposition bei der Magischen Handbewegung. Weil ich Linkshänder bin, fühlt sich das Intentionen Boostern mit der linken Hand besser an. Kann ich die Magische Handbewegung auch mit der linken Hand ausführen? Ich spüre einfach mehr Energie und Absicht mit der linken Hand.

Das ist richtig toll, wenn du tatsächlich den Unterschied der beiden Hände spüren kannst! Und natürlich ist es dann das Richtige, die Hand für die Magische Handbewegung zu verwenden, welche sich auch energetisch am kraftvollsten anfühlt. Dir ganz viel Freude beim Ausführen mit der linken Hand. Ich find es cool, dass du eine so gute Intention hast, und dieser solltest du auch folgen. Sie führt dich zu dir selbst, und nur mit dir verbringst du garantiert dein ganzes Leben. Deshalb ist die Nähe zu dir selbst und dass du dich auf dich selbst verlassen kannst so unglaublich wichtig.

Danksagung

Von Herzen bin ich all den Menschen dankbar, zu welchen ich solch tiefe und lehrreiche Beziehungen haben darf und in der Vergangenheit haben durfte. Durch euch konnte ich meine ureigene Premiumvariante erst entwickeln. Das war nicht immer einfach, doch es hat sich stets gelohnt!

Danke Mama, Papa und Bruderherz. Für euren Dienst gibt es keine Worte, nur Gefühle tiefer Dankbarkeit und Verbundenheit!

Danke für den regen und unfassbar wertvollen Austausch mit dir, Marc, Dagmar und Sabrina. Regelmäßig treiben wir uns gegenseitig an die Grenzen des Möglichen, um herauszufinden, wie wundervoll die Premiumvariante noch werden kann.

Marc, ich bin sehr dankbar, dass ich mit dir mein Leben teilen darf. Gemeinsam dürfen wir ganz im Sinne dieses Buches unsere Premiumvariante leben, weiterentwickeln und wahrlich genießen.

Darüber hinaus möchte ich ganz herzlich den Ullstein Buchverlagen und dem zauberhaften Allegria-Team für die tatkräftige und herzliche Unterstützung danken.

Ein großes Merci geht an die AHS Gruppe für solch grandiose Entwicklungen und gemeinsame Erkenntnisse in tiefer Demut und Verbundenheit dem großen Ganzen gegenüber.

Ich danke vor allem auch der Ayahuasca und dem Mapacho, welche mir helfen, als Instrument die Informationen durchzugeben, welche uns Menschen erleichtern dürfen.

Magische Handbewegung mit Jayc Jay

Auf Seite 42 lernst du die Magische Handbewegung kennen, mit der du deine Ante-Intention und Premiumintentionen setzt und boosterst.

Da weniger als Premium mir und ich denke auch dir einfach nicht genug ist, habe ich für dich noch einen Bonus vorbereitet, welchen du anschließend oder während des Programmes nutzen kannst.

Im Internet wartet auf dich bereits ein Selbstliebe-Premiumintentionen-Programm. Hier erkläre ich dir die Magische Handbewegung und zeige dir einige passende Tricks und Kniffe, welche du für dich zu Hause direkt anwenden kannst, um deine Beziehungen noch schöner und mit einer tiefer verankerten Selbstliebe zu gestalten.

Scanne dafür einfach diesen QR-Code mit deinem Smartphone oder erhalte deinen Zugang zu dem Bonus-Programm im Internet unter : *www.8x8premiumintentionen.de/beziehungen.*